# 図工準備室の窓から

窓をあければ子どもたちがいた

岡田 淳 *okada jun*

ぼくの机のあたりから、中庭側の入り口を見たところ。
図工準備室は雑然としている。

# 図工準備室へ ようこそ

図工室。
黒板の右側に図工準備室への扉。

ドアストッパーは木槌。
紙には、「先生のゆるしなく
じゅんびしつにはいったら
おしりペンペンです」と書いてある。

図工準備室。
ほぼ中央に保健室で不要になった
ライトがぶらさがっている。

戸棚の中は、もちろん、
準備室のあちこちから
小さなひとやコウモリがとびだしたり、ぶらさがったりしている。

# 作品と物語と

ただ作品をつくるのではなく、
そこに自分なりの物語があれば、
作品に気持ちをこめやすく、形もさまざまなものになるので、
物語性を重視することが多かった。

〈秘密基地〉３年生
紙粘土で作った秘密基地。
これは『ジャングルの研究室』

〈ふしぎな帽子〉4年生
張り子でつくる。左は夜に読書するためのものもので、
右はアイデアを考えるときにかぶる。

〈～の精〉5年生
ひろった卵から
自分のための妖精が孵る。
左の鉛筆をさしだして
いるのが
「さっさと仕事をせい」、
右は「知りたがりやの精」

〈演劇の一場面〉6年生
主人公が自分の劇。
舞台装置をつくって、
紙粘土の自分を置く。

# この学年では
# この作品を

図工の先生を続けるうちに、
この学年では必ずこういう体験をさせたい、
という教材ができてきた。

〈3年生・物語のある迷路〉
「三匹の子ぶた」の迷路は
四つの角にビー玉が
置かれてスタートする。
三つが子ぶたで、
一つがオオカミ。
箱を動かしながら
子ぶたのビー玉を、
オオカミのビー玉に
ぶつけずに、
中央のレンガの家に
集合させるというゲーム。

〈4年生・はりこの技法で〉
（左）気球。風船に新聞紙や和紙を貼って作る。
下のカゴは給食に出たプリンのカップに
和紙を貼る。乗員は紙粘土。
（右）下がバネで、ひとを馬鹿にしたように
うなずく顔と、ミミズのようなひと。

〈4 年生・コリントゲーム〉
ビー玉で遊ぶ。
4 年生が百本以上の釘を打つ。
もしかすると人生で打つ釘の
ほとんどをこのときに打つ。

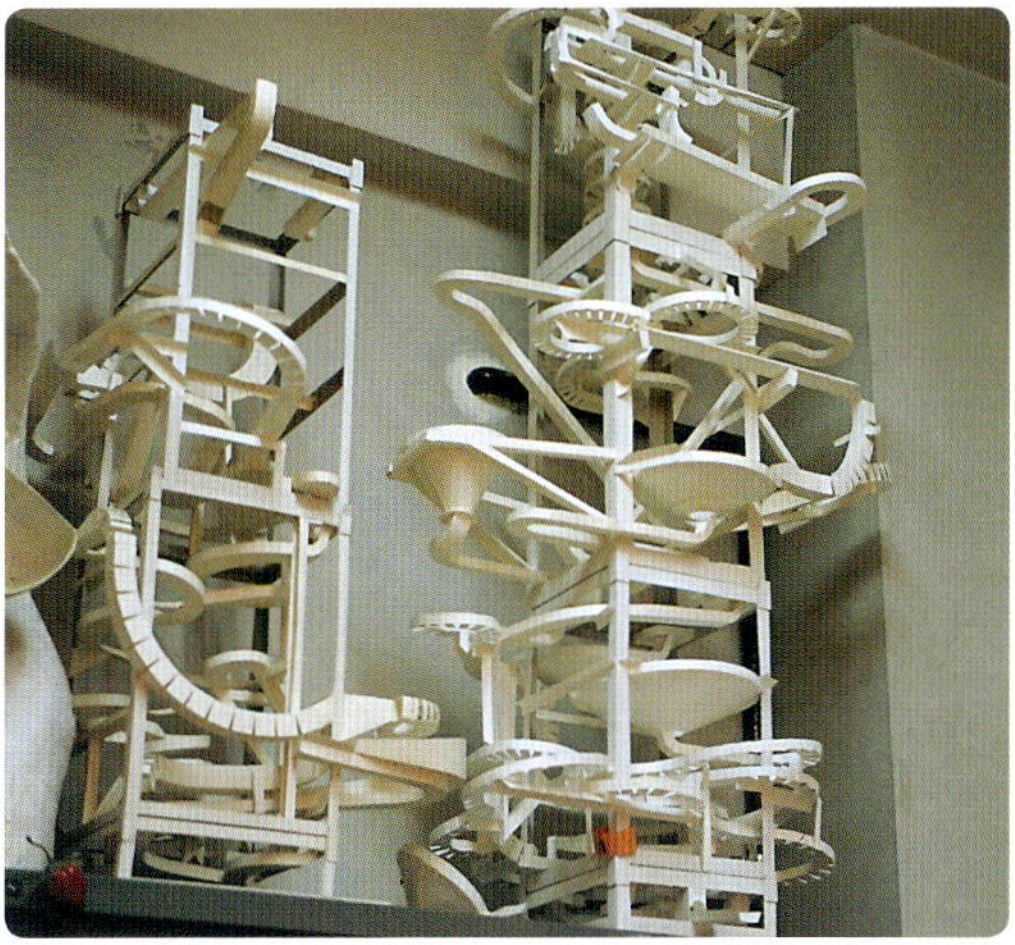

〈5 年生・ビー玉のジェット
コースター〉
何段でもつながるように
なっている。
上からビー玉が
ころがり降りてゴールする。

〈6 年生・額と自画像〉
自画像は卒業式の会場に飾る。
額も自分で彫刻している。
（この作品のみ児童作品。他の作
品はすべて授業のためのぼくの
試作。）

# 校内で

## 図工の先生は校内の絵描きでもある。

トイレの壁やドアに
ボランティアの
お母さんたちの協力を得て、
絵を描いた。
４階の女子トイレの
テーマは「空」。
雲にいろんなものが
乗っている。
写真は本。

校舎の柱に
描きこんだ
「スイッチ」。
夜警備員さんが
よくだまされた。
もとは壁の汚れを
消すために
描いたものである。

給食室の前の壁に描いた。
魔女たちが給食をつくっている。

西宮市立神原小学校の中庭。
中央一階に図工準備室、
その右側に図工室がある。

# 図工準備室の窓から

——窓をあければ子どもたちがいた

# 目次

# はじめに、そして『手と人』のこと

西宮《にしのみや》市の小学校で、三十八年間図工の先生をして、二〇〇七年の春、定年退職した。その三十八年間のあれこれを書いていこうと思う。

あれこれ、のなかには、少しは図工の授業のこともはいると思うが、主として図工の授業の周辺のこと、図工の先生という立場で小学校にいたから、見たり聞いたり考えたりやったりしたこと、について書くつもりだ。

まず、『手と人』のことである。

西宮の図工の先生の集まりが出している機関誌が『手と人』。その集まりは、学級担任をしながら図工のことも勉強したいという先生と、図工専科と呼ばれる先生でできている。図工専科は学級を持たず、複数の学年、学級の図工だけを担任する。ぼくはこの図工専科をずっとしていた。

図工の先生はどの学校にもいるとは限らない。決められた数以上の学級数があって、その学校が必要と判断すれば置ける。ぼくが勤めていた頃で、西宮では八割強《きょう》の学校にいた。音楽専科はどの学校にもいたと思う。式にピアノを正しく弾ける先生がいると安心だし、ピアノが苦手《にがて》で音楽の授業はどうも、という先生も少なくないからだろう。絵が苦手だったり、両刃鋸《りょうばのこ》の縦挽《たてび》きと横挽きのちがいを知らなかったりしても、図工の授業はできる。らしい。

『手と人』は一年に五冊出る。市内四十何校を五つのブロックに分け、どのブロックも年《ねん》に一冊作る。ひとりが一年に一本書く。長くても短くてもいい。何を書いてもいい。授業のこと、学校のこと、展覧会とか本のこと、日々の暮らし、趣味、人生について……。

創刊は一九七六年。イワタさんとぼくが創刊を呼びかけた。阪急夙川駅《はんきゅうしゅくがわえき》すぐ南の喫茶店で原案を練った。

『手と人』の表紙のどこかに、こう書かれている。

——絵をかいたりものをかたちづくったりすることが、子どもの成長にすごく大切であると考え実践している仲間のミニコミ誌

気概《きがい》に溢《あふ》れた惹句《じゃっく》ではありませんか。図工の先生になって八年めにこういう文章を書けるイワタさんの骨太《ほねぶと》な覚悟に、今さらながら感動を覚えるのである。

ぼくは三十一年間、『手と人』とつき合った。ここに書く文章のいくつかは『手と人』に発表したもの、あるいはそれをもとに書きなおしたものである。

あるとき職員室で、となりの席の音楽の先生がぼくの机の『手と人』を見て、音楽の集まりでも機関誌を出そうかしらとつぶやいた。ぼくは誌名を提案した。〈耳と心〉はどうでしょう。それはすてき、と音楽の先生が目を輝かせたので、あわててとめた。ハジという字になるのである。

# 六十才は悲しいか？

いや、まさか六十才になるなんて思っていなかった。自分だけは六十才になんかならんだろうと思っていたわけではない。しかし六十才になるだろうとも思っていなかったのだ。事件や事故が我が身にふりかかってからひとが言うように、それはよそのひとの話だったのである。

子どもの頃のイメージでは、六十才といえばおじいさんですよ。*村の渡《わた》しの船頭《せんどう》さんでなくてもおじいさんなのだ。「わしは六十才じゃ」などとしゃべるのである。なにかきちんとやってきたひとが六十才になられる。木の名前とか、わらじのつくりかたとか、いろ

んなことを知っていたりする。でなければハスに構えて自分の好きに生きている。それが六十才だったのだ。そう思っていた。

考えるに年齢観というものは、自分の歳《とし》、自分たちの年代を境《さかい》に、がくんと色合いを変えるのではあるまいか。ボーダーラインが自分の年齢とともにあがっていく。中学生の頃、上級生がとてもおとなに見えたのに、自分がその年齢になると、たいしたものになったとは思えんということがあった。中一のときは中二からおとなと思っていたが、中二になると、どうやらおとなは中三かららしいと思ったりしたものだ。

それと同じで、自分が六十才になってみると、いろんなことを知っていたり、好きに生きていたりするのは、七十才くらいから上のひとのことだろうと思えるのだ。ほんとに。

六十才。全然たいしたものではありません。

遠い昔のトルコの国の悲しい恋の物語、といわれても何のこっちゃと言うひとがほとんどだろうが、これはその昔坂本九《さかもときゅう》がうたった*『悲しき六十才』という歌の冒頭の歌詞である。なんでもムスターファという男が女奴隷を見初《みそ》める（「村の渡しの船頭さん」も古いが、「見初める」も古いなぁ)。いっしょになるにはお金が必要だが、ない。そこで一所懸命に働いた。稼《かせ》いだ。金《かね》の亡者《もうじゃ》となった。一念とはおそろしい。トルコで一番の金持ちになってしまう。が、しかし、そのときには六十才になっていた、という物語の歌である(どうして昔の歌はこんなによく覚えているのだろう)。それでタイトルが『悲しき六十才』なのだ。なるほど、と思った。つまり六十才という歳は「わしは六十才じゃ」と言う白いヒゲのおじいさんのイメージがあったから、「なるほど」と思えたのである。

今こうして六十才になってみると、「悲しくないから、彼女といっしょになりたまえ」と言いたい。「世の中の酸《す》いも甘いも噛《か》み分けた彼女を、むかえにいくのだムスターファ」と言いたい。が、ちょっぴり、別の彼女の可能性も、ムスターファは考えたりするかも、と思ったりもするけれど、それは別の問題としておこう。この物語は、なるほどすこしは悲しいが、笑い歌にするほど皮肉な物語とも思えんのである。今こうして六十才になってみると。

この歌にはもうひとつ感想がある。若者のときに志《こころざし》を立てて、一所懸命に励む。それが成就《じょうじゅ》するのが六十才。それにひかれるのですね。そういうことってあるのじゃないかなぁ。そういうもんじゃないかなぁ、と。

というのも、二十二才で小学校の図工の先生になって、ああだこうだとやってきて、待てよ、図工の先生ってこういうもんじゃないか、こういう役割を担《にな》って子どもの前にあらわれるのがいいんじゃないか、などと自分なりに思えてきたのは、かなりおしまいに近くなってからのことなんですね。

まちがえてはいけませんよ。そういう先生になったと言ってはいない。自分が理想とする図工の先生って、こういう方向のひとだと思うことができた、と言っている。

どういう方向かって?

子どもが、

① 絵をかいたりものをつくったりすることを好きになる方向

② 「あいつやるな」と思える方向

③ 「自分もやるな」と思える方向

が、ムスターファとちがって、この道はなかなか成就しない。日暮れて道遠し、なのである。

＊村の渡しの船頭さん　作詞・武内俊子（のちに峰田明彦が改作）、作曲・河村光陽の『船頭さん』の歌詞に「村の渡しの船頭さんは　今年六十のおじいさん」がある。昭和三十年頃はほとんどの国民が知っている童謡というものが存在した。そのひとつ。

＊『悲しき六十才』　アザム・バークレイ作詞・作曲のトルコのヒット曲『ムスターファ』を青島幸男訳詞、ダニー飯田編曲で坂本九が歌った。昭和三十五年のヒット曲。

# 最初の図工準備室

大学を卒業してすぐに勤めた夙川《しゅくがわ》小学校の図工室は、特別な広さや設備などのない普通の教室だった。木造モルタル二階建ての、二階東端の教室。端《はし》ということで、教室前の廊下を仕切って小さな部屋がつくられていた。２ｍ×４ｍくらいの小部屋。それが、ぼくの最初の図工準備室だった。

その部屋にはいる方法。まず図工室の手前の入り口から図工室にはいり、図工室の奥の出入り口から準備室にはいる。そこで行き止まり。ほかに通路はない。これほど奥まった部屋はなかろう、当時消防法はなかったのか、という部屋である。隠《かく》れ家《が》のようで気にいっていた。

準備室という部屋は、音楽室や理科室など、特別教室と呼ばれるところについている。授業に必要な資料、道具、材料といったものを置いておく。倉庫、物置、という面もあるが、担当の先生のための机と椅子、ロッカーまであったりする。掃除道具入れかな、というようなロッカーではあるが。

授業に便利なようにこの部屋を自由に使っていいと言われ、ぼくはうれしくなってしまった。こんなに親切なことをしてもらっていいのか、という気分だった。大学の、先生の研究室みたいだと思った。

その後、図工の先生の集まりなどでいくつかの図工室と図工準備室を見せてもらった。すると、夙川小学校の図工室と図工準備室が、とても変わっているということがわかってきた。まず普通教室の図工室というのが、ぼくの知るかぎりではあと一校だった。準備室はおそらく西宮《にしのみや》市内最小だったと思う。

準備室の窓を開けると（それは本来、廊下の窓であるが）、すぐ前にヒマラヤスギがあった。雨あがりには葉についた滴《しずく》がキラキラと、宝石のように輝き、あかずに眺めたものだ。

数年後、改築工事が始まった。新しい校舎は鉄筋コンクリート四階建てで、その一階にちゃんとした図工室をつくってくれるという。普通教室の一・五倍の広さがあって、いくつかの蛇口《じゃぐち》が使える水道設備があって、ガスもきている。電動器具のためのコンセントがあって、子どもたちの作品を置ける棚《たな》までついている、ちゃんとした図工室。準備室も普通教室の半分の広さがある。流しがあって、ガス栓まである。整理戸棚も四つついているという、ちゃんとした準備室。

正直なところ、あまりうれしくなかった。狭くて古い図工室と準備室に愛着があった。狭いところでなければ準備室という気がしなかった。なにごとにも初体験、刷り込みというものがあるらしい。

# 迷路のなかで天使の声

たとえば体育の担当の先生。いちばん気が重いのは運動会だろう。なにしろ全校あげての、外へ発表する行事である。

まず体育部会に案を出し、検討してもらう。つぎに職員会議があって、みんなに納得してもらう。会場係、演技係、準備係、得点係、プログラム係、放送係……、と驚くほどの係があり、担当の先生はそれが予定どおりに進んでいるか気を配る。ＰＴＡとの連絡も必要だ。校内広報誌の取材にも応じる。

それだけのことをこなすのだから、大学を卒業して一年めのひとが体育担当になることは、まずない。二、三年は体育部に所属し、先輩がするのを見ていて、来年はきみがするのだよとささやかれ、そしてその責めを負う。というのがふつうである。

ところが図工専科や音楽専科は、先生になったとたんに、図工展や音楽会を企画し、全校を動かす中心になる。二十歳《はたち》過ぎの若造が、経験豊富な諸先輩方をリードしなければならないというのだ。

西宮市《にしのみや》のほとんどの小学校は、音楽会と図工展を交互に、それぞれ隔年《かくねん》にやっていた。新任で勤めた夙川《しゅくがわ》小学校は、一年めは音楽会だった。幸運なスタートといわねばならない。

だが、一年めのあとに、二年めはやってくる。

――どういうふうにすればいいでしょうか。

何人かの頼《たよ》りになりそうな先生に尋ねた。誰もが、しめし合わせたように、

――きみの思うようにやればいい。

と、答えた。

そこで、ぼくはどう思っているのだろうと考えた。その頃思っていたのは、展覧会だからといって、見栄《みば》えを気にした大作《たいさく》や派手《はで》な作品を並べる傾向を、こころよく思っていな

かったのがひとつ。もうひとつは、ひとと「うまい」「へた」を比べるのではなく、自分のなかでの変わりようが見られればいいなあということだった。

提案したのは、全校生が春と秋に「未来」というテーマで絵を描き、その二枚を並べて展示する、というものだった。なるほど（と自分でいうのも変だが）、いつもの大きさの画用紙にいつものように絵を描くのだから、展覧会に媚《こ》びていない。そして当然二枚を見比べることになるので、自分のなかでの変わりようを見ることになるではありませんか。

その提案は図工部会も職員会議もすんなり通った。そしてそのとおりの図工展をやった。会場はそれぞれの教室の前。廊下の左右にずらりと絵を並べた。ひとり平面作品二枚出すとなると、講堂にはとてもはいりきらなかったのだ。

ところが、である。図工展が終わっても、達成感というものがそれほど感じられなかった。なぜだろうと考えた。趣旨は立派《りっぱ》にみえたが、特に図工展でなくてもできることをしたのではないか。立体作品を見てもらいたい子、見たい親もいたのではないか。それぞれの教室の前、というのも盛り上がりに欠けたのじゃないか。全校生が同じテーマ、は全作品を見ようとする気をそぐのじゃないか……。

二年後の図工展は、講堂ですることにした。公民館から借りてきたパネルを迷路のように並べた。まだ作品が運び込まれていない会場を点検していたある朝、ひとりの子どもがはいってきたらしく、足音と声だけが聞こえた。

「わあ！　これがいつもの講堂かあ！」

そうか。とぼくは思った。「わあ！」とか「おお！」が必要だったんだ。図工展は日常とちがう、もうひとつの世界でなければおもしろくないんだ。もうひとつの世界に飾られることで、作品が、図工展が、印象深くなるんだ。声に教えられたぼくは、パネルの迷路のなかで、きゅうにわくわくしてきたのだった。

# シバタさんのつっかけ下駄

図工の先生になってしばらくしてのことだった。

ある日の夕方、五年三組担任のタブチさんといっしょに帰ることになった。

タブチさんは当時オートバイに乗って通勤していた。用意のいいひとで、予備のヘルメットを持っている。それを借りて、後部座席にまたがった。

学校の坂道を走り降りたオートバイは、駅とはちがう方向に向かった。どこへ行くのかと尋ねると、

「ちょっとシバタの家に寄る。」

と、タブチさんは答えた。

シバタさんは五年三組の女の子である。家のひとに連絡しておくことがあったらしい。チャイムを鳴らすとお母さんが出てきた。

タブチさんがお母さんに話をしたのは、ごく短い時間だった。が、そのあいだに、ぼくは衝撃的なものを見た。

五年三組のシバタさんが、素足《すあし》につっかけ下駄《げた》で現れたのである。

ぼくにとってシバタさんは、ソックスと運動靴を履いた子だった。

素足につっかけ下駄というのは、今の今まで室内に素足でいたということであり、それはつまり、そこでものを食べ、勉強し、遊び、本を読み、眠り、顔を洗い……、という「生活」があるということなのだ！

素足につっかけ下駄のシバタさんに驚いて、そのあと、目が眩《くら》む思いがした。

――では、スギさんも、アキタくんも、オボナイさんも、ヒラハラくんも……、図工室にやってくる五百数十人全員に、ひとりも欠かさず全員に、家があって、家族がいて、具体的な日常があって、それぞれの匂《にお》いのなかで生活しているのだ！　そういう子たちと図工をしているのだ！

と、思ったからである。

　図工室の中に、四十人の子（当時は四十五人学級だった）が席についている。その四十人の子は全員、背中にアドバルーンのような巨大な風船をつけている。そこにはそれぞれの生活がはいっている。風船と風船がくっつきあってギュムギュムになって……、という光景を想像して、目が眩《くら》んだのである。

# あやしい人物

午後の授業のことである。課題は校内での写生だった。

描《か》く場所は、変化のある作品ができあがってくるほうが楽しいので、校内であればどこでもいいことにした。

子どもたちはいくつかの注意を聞いたあと、画板に画用紙をはりつけ、絵の道具を持ち、思い思いの場所に出発した。

ぼくは見まわりをする。だれがどこで描いているかを把握《はあく》しておかねばならないし、描く場所が決められない子がいれば相談にものる。

校舎の中の廊下、階段、空《あ》いている教室、それに体育館、それから中庭、運動場と、子どもたちに声をかけながら学校中をひとまわりすると、三十分もかかっている。もうすこし場所を限ったほうがよかったなあ、などと考えるが後《あと》の祭《まつ》りである。

ちゃんと見てまわったつもりでも、どこかぼくの目の届かないところで描いている子がいるかもしれない。そう思うと、全員いたかどうか、自信がゆらぐ。そうだ、校舎裏を見ていなかったと気がついた。

校舎の裏には数メートル幅の、校舎にそった細長いスペースがある。我が国では、学校は明るい運動場を確保したいので敷地の北側に校舎を建てる。校舎裏はその北側だから当然日陰《ひかげ》になり、おおむねうす暗く湿った感じである。ヒマラヤスギとかキョウチクトウ、カイヅカイブキなども、そこに植えられたばっかりに陰気《いんき》な面を強調している感じがある。

そんな校舎裏を画題に選ぶとも思えなかったが、絶対に選ばないだろうとも思えず、見にいった。

やはりそこで絵を描いている子はいなかった。だが、金網のフェンスごしにあやしいおとなたちを見た。

フェンスのむこうは道路、そのむこうが住居である。夙川《しゅくがわ》小学校のまわりは、比較的広い庭のある立派《りっぱ》な家が多い。言うところの閑静《かんせい》な住宅街だから、昼下がりには通行するひとは少ない。なのに、そのときにかぎって、この街には不似合いな、妙な雰囲気《ふんいき》を身にまとった数人の男が、むこうからやってきたのだ。

最初の違和感《いわかん》は、彼らがなにひとつ荷物を持っていないということだった。つぎに彼らがおしなべて屈強《くっきょう》、あるいは機敏《きびん》さをそなえているように見えるということ。さらに、そろって黒っぽい背広姿なのにネクタイをしていないというファッション。仕上げに、髪が短く、目が鋭かった。

ぼくはこのひとたちと関《かか》わりにならないほうがいいような気がした。しかしくるりと向きを変えるのも、心証《しんしょう》を害《がい》するだろう。

「にいちゃん、なんできゅうに向きを変えるねん。」

などと言いがかりをつけられたくない。ここはひとつ目を合わさないでフェンスごしにすれちがってしまおうと思った。

しかしあとで考えると、目が鋭いとぼくが思ったということは、ちらちらと目を合わせてしまったということである。つまりぼくはちらちらと見て、目をそらせたのである。フェンスをはさんでどきどきしながらすれちがい、何歩か歩いてふり返りたくなった。いや、ここでふり返って、むこうもふり返っていたりすると、けんのんである。しかしふり返ってみたい。これだけ離れればだいじょうぶだろう。なにげなく、樹など見る感じでふりむいた。ひとりの男がこちらをふり返っていた。どきんとしたが、そぶりにださず歩き続けた。

校舎裏を出て明るく開けた「上の運動場」に出たときにはほっとした。男たちの存在が夢だったのではないかとさえ思った。

その頃の夙川小学校はひろい運動場の横に一段高くなった「上の運動場」があり、プールはそこにあった。そのあたりにはちらほらと、絵を描いている子がいて、ぼくはひとりひとりに声をかけてまわった。

で、はっと気づくと、さっきのあやしい男たちのうちのふたりが、ぼくのすぐ横に立っていた。

ほかの男たちは、とまわりを見ると、ふたりのかなり後ろにひとり、下の運動場にふたり、これはもうあきらかにぼくを遠巻きにとりかこんでいるのである。すでにどちらに走りだしても逃げられない形なのだ。

すれちがっただけなのに言いがかりをつけにきたのか、と思った瞬間、ひとりの男の右手がさっと内《うち》ポケットにはいり、黒っぽい手帳をとりだし、ぼくに見せて言った。

「ここで何をしているんですか？」

「は？」

そのとき、下の運動場にいた男がさけんだ。

「ちがう！　ちがう！　そのひと、図工の先生や。」

その横に子どもが立っているところを見ると、その子にたずねたらしい。

「失礼しました！」

きゅうににこやかになった男たちは刑事さんだった。

「どういうことですか？」

子どもたちから離れたところで、刑事さんたちはあやまりながらこう言った。

「最近このあたりで空《あ》き巣狙《すねら》いが多発してるんですわ。それでパトロールしてたら、学校の裏であやしい（すんません！）姿を見つけ、これはシマヲハッテルねんやろと声をかけましてん。」

「シマヲハッテル？」

「あ、空き巣狙いがですね、この家にはいろと決めて、ちょうどええ頃合《ころあい》になるまで時間つぶすのを、シマヲハルいいますねん。しかしナンですね、まちがえたほうがこんなん言うのもあれですけど、きょうびの先生は先生らしいかっこうをしてませんね。」

長めの髪、米軍払《はら》い下《さ》げの上着、ジーパンのぼくを見て、そう言った。

あやしいのは、ぼくだったのである。

参考までにつけ加えると、『放課後の時間割』（偕成社・一九八〇）の図工の先生の姿が当時のぼくの姿である。

## 天然の守護天使

図工のジャンルのひとつに、お話の絵、というのがある。先生が読み聞かせたお話を、絵にするのである。

図工の先生になって六年めに、二年生を担任しているタジマさんに、お話の絵について相談された。いい題材になるお話がないだろうか、と。

ぼくは自分のことを謙虚《けんきょ》な人間だと思っていたふしがあるが、このときの答え方や最初の図工展のことを考えると、はた迷惑《めいわく》な理屈っぽい理想主義者だと知れるのである。

こういう答え方をした。

それまでに絵本などでその話の絵を見ているという場合、その影響は避《さ》けがたい。見たことも聞いたこともないという話がベストである。つまり、絵になる場面を多く含む話を、新しくつくって、話してやればいい――。

話なんて簡単にはつくれない、とタジマさんは言い、つくってつくれんこともなかろうと言ったのはぼくである。

「そしたら、ジュンさん、つくってくれるか?」

タジマさんは、麻雀《マージャン》の名手である。場の空気を読み、相手の手の内《うち》を読む。

「……つくってみよか。」

ロン。

一週間ほどで、花を食べる怪獣ムンジャクンジュの話をつくった。絵になる場面満載《まんさい》である。

話ができた、とタジマさんに言うと、

「来週の金曜日、わたしは研究会に出張せんならんねん。ジュンさん、金曜日の三、四時間目あいてるやろ。せっかく話を考えてくれてんから、ついでに授業もしてくれへんか?」

タジマさんは、卓球《たっきゅう》の名手でもある。相手のバックをせめておいて、フォアへ打ち込む。

「……そしたら、するわ。」

ツー、ゼロ。

その怪獣の話、自分でもおもしろいなあと思ったぼくは、新《あら》たに構想を練りなおし、原稿用紙に書きはじめたのである。挫折《ざせつ》と復活をくり返し、四百字詰めで三百枚の物語を書き上げた。三年半かかった。ただ書き上げたくて書いて、しばらくそのままにしていたのだが、ひとが読めばどう思うだろうと、近所の児童書専門の本屋さん〈ひつじ書房〉に持っていった。〈ひつじ書房〉の店主、平松二三代《ひらまつふみよ》さんは児童書にずっと関《かか》わってこられた方だから、意見のひとつも聞かせてもらえるかも、と思ったのだ。

すると平松さんはていねいに読んで、紹介状に作品の概略まで添えて、偕成社に送ってくださったのである。

ある日、東京の偕成社から、編集部の相原法則《あいはらほうそく》さんが神戸のぼくの部屋にやってきて、東京弁でこうおっしゃった。

「あのムンジャクンジュ、おもしろいですから――」

ここまで聞いてぼくは、本になるのだ！　と思った。が、相原さんはこう続けた。

「書きなおしなさい。」

これは二百枚で書ける話だ、とおっしゃるのである。相原さんの指導助言で、半年かけて書きなおし、本になった。


ぼくはそういういろんなひとのおかげで物語をつくるひとになれたのだが、その重要なきっかけをつくってくれたタジマさんは、巧《たく》まずして幸運を授けてくれた、ぼくの、いわば、そのつもりのなかった、天然の守護天使なのである。

## ある小学校のお話

ひとの名の呼び方というのは保守的である。最初に呼んだ呼び方を変えるのは容易ではない。

夙川《しゅくがわ》小学校で知り合った四人が、いまも年に二回か三回集まる。タブチさん、タジマさん、ジュンさん、ヤマモトくん、とほかの三人が呼ぶ四人である。ぼくもオカダくんだったのだが、ぼくより一級下のヤマモトくんがジュンさんと呼ぶのが定着したようだ。

ヤマモトくんもすでに還暦《かんれき》である。だのに、くん。四人だけのときは違和感がない。だがヤマモトくんの家族がいる席では、くんとは呼びにくく、さんと言ってみたりするが、

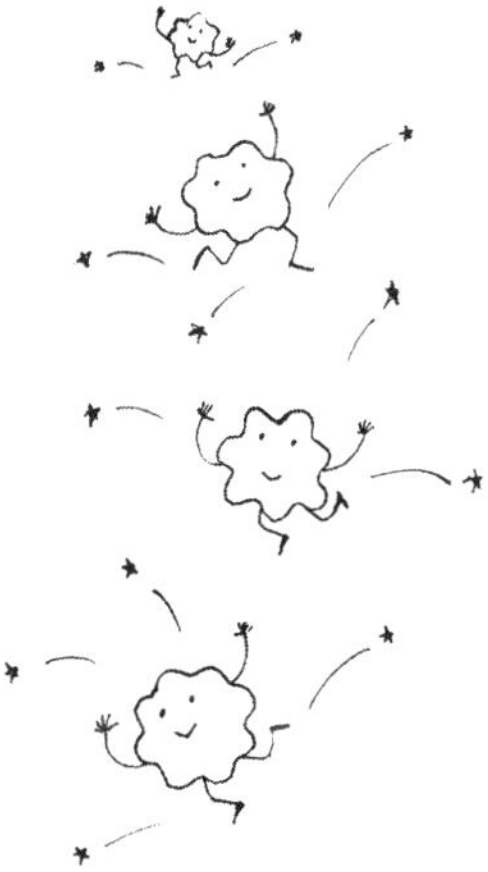

どうも落ち着かない。言い続けていると慣れるのだろうけれど。

そのヤマモトくんが図書の担当になったとき、自然な流れでぼくが手伝うことになった。いっしょに購入する本を選びに〈ひつじ書房〉へ行ったり、板を買ってもらって書棚を作ったりした。

小学校には給食の時間がある。給食の時間には、〈お昼の放送〉が放送室から流されている。担当のカワムラさんと放送委員会の子どもたちに頼み込んで、週に一度の、〈図書室からのおしらせ〉というコーナーをつくってもらった。ヤマモトくんとぼくとで隔週《かくしゅう》交代に担当し、こんな本がおもしろいよと紹介したのである。

一年間それをやり続けた三学期、放送担当のカワムラさんがぼくにある提案をした。

——きみの声がスピーカーから流れると、どういうわけか子どもたちがしゃべるのをやめて放送を聞くのだ。そこで来年、週に一度〈お昼の放送〉でディスクジョッキーをしてくれないか。放送委員会の子どもたちが放送内容を考える刺激にもなるだろう。

やってみよう、とぼくは答えた。

つぎの一年、毎週月曜日の〈お昼の放送〉を担当した。

毎回テーマを決めた。たとえば「海」。海についてのあれこれの話。海についての歌を二、三曲。海が出てくる短編童話。それからテーマとは関係なく学校のニュース。たとえば、今クスノキに小さな花が咲いている、東門の坂をあがったところにあるのがクスノキ、というような……。

今、なんでもないように短編童話と書いたが、それは毎回ぼくが創《つく》ったのだ。原稿用紙四枚程度の話を、毎週一話書く。よくできたなと思う。日曜日はほとんどそれにかかりきっていた。なにかの都合で月曜日がお休みになったときなど、どれほどうれしかったことか。

「ある小学校のお話」というのが、そのコーナーの名前だった。テーマ曲はチャイコフスキーの『くるみ割り人形』から〈こんぺい糖の踊り〉。

登場人物の名前は、学校の先生の名前をつぎつぎに使った。ある小学校といっても、どう聞いてもそれは夙川《しゅくがわ》小学校だった。あたりまえである。夙川小学校を見て考えた話なのだ。話のとおりにプラタナスは並んでいるし、話のとおりに遠くに海が見えた。当時の机はまだ木製《もくせい》だったから、ひとつずつ机の木目《もくめ》はちがう。その木目を題材に話をしたときなど、自分の机がモデルではないかと、全員が給食用のナプキンをずらせて確かめたらしい。ひとりだけ、この机だ、という子がいたはずである。というのは、ある会議をある教室でしていたときに、その机の木目、キズ、落書《らくが》きを見ながら考えた話なのだから。

この話をまとめたのが『放課後の時間割』(偕成社・一九八〇)。一九八一年に日本児童文学者協会から新人賞を頂いた。もしもヤマモトくんが図書担当をしていなかったら、そしてもしもカワムラさんがディスクジョッキーの提案をしてくれなかったら、なかった本。だと思うと、世間には天使がたくさんいるなあと思わずにはいられないのである。

# 戻らない日々

なぜ西宮《にしのみや》市の先生になったかというと、小学四年生の夏まで、西宮市で過ごしたからである。上甲子園《かみこうしえん》小学校に通《かよ》っていた。

大学を卒業してから十年間、夙川《しゅくがわ》小学校に勤めた。ふつうひとつめの学校は五年ほどで替わる。ふたつめ以降は八年がめどになっている。とはいえ、事情とか希望とかがあって、絶対ということではない。ぼくは五年めからあと、この学校で継続してこんなことを研究したい、あんなこともしたいと校長に頼み込み、十年も居座り続けてしまった。居ればば居るほど愛着が湧《わ》いた。もう階段の手すりの傷さえいとおしくなってしまう。で、とう

とう出ていくように言われた。

　ふたつめの学校が、懐《なつ》かしの上甲子園小学校だった。二十三年ぶり、ということになる。

二十三年ぶりだが、校歌はうたえた。その間おそらくうたったことなどないだろうが、前奏を聞くとうたえた。幼い頃の刷《す》り込《こ》みというのはすごい。いっぽう九才と三十二才の差もあった。歌詞の意味がわかったのである。コヨワレラが「子よ我等」であり、アオギミンが「仰ぎ見ん」だとはじめて知った。

　校区の、昔歩いた道を歩いてみた。記憶よりもずっと狭かった。三年生の夏だったか、自転車に乗っていて突然のどしゃぶり雨に降られた場所がある。あまりにも突然、あまりにも強い雨にブレーキをかけたのが、道のまんまんなかだった。広い道だから、右に行って雨《あま》やどりをするか左に行くか迷った。迷っているうちにびしょぬれになった。その記憶の道は、四分の一ほどに縮んだかに思えた。車がやっとすれちがえるほどの道だったのだ。

あれらの日は戻らないという、軽い喪失感《そうしつかん》があった。

　以前の家の近くに甲子園ホテルという有名な建物がある。ぼくがものごころついたときには駐留軍《ちゅうりゅうぐん》がいた。ジープや馬に乗った外国人を「アメリカさん」と呼んでいた。その甲子園ホテルの裏の水路で、小学生のぼくは人魚《にんぎょ》の赤ちゃんを見た。見たけれど、これはひとには言ってはいけないことだと思った。信じてもらえない、というより、言ったとたんに嘘になるような気がした。心の底では、まさかなあ、と思っていたのかもしれない。

甲子園ホテルは、武庫川《むこがわ》学院第三学舎（現・武庫川女子大学甲子園会館）として、昔のままの外観で使われていた。その裏にまわってみると、校区の子どもたちがザリガニ獲《と》りに興《きょう》じていた。

ザリガニ……。人魚の赤ちゃんと、色と大きさが一致するのである。

そう、あれらの日々は戻らない。

# 鼻歌まじりにはかなわない

四年生の木版画の授業をしていた。どうしてもその二時間で全員完成までいきたい、と思っていた。そういう都合ってあるでしょう。

木版画っておもしろいな、すてきだな、おお、きみはいい感じの作品になったな、ぼくのもいいだろ、という体験が本来の目標である。だが、きょう全員完成していればとても都合がいい、という事情があったとき――。

そのクラスには特別な支援が必要なAくんがいた。Aくんの版《はん》はもう彫《ほ》れていた。ぼくは刷り方を説明するのにAくんの版を使った。インクをつけ、プレス機で刷る。プレス機というのは、大きな十字形のハンドルのついた、ローラーと鉄板と歯車でできた装置である。

Aくんの版を刷ったのは、刷り方をみんなに説明するのと、彼にやらせればおそらく何人分かの時間がかかるだろう、見本にして刷ってしまえば一石二鳥《いっせきにちょう》、とこざかしく計算をしたためだ。

版はうまく刷れ、拍手が起こり、Aくんもうれしそうだった。そして、それぞれの作業が始まった。

彫った版の最終チェック、インクつけ、プレス機の操作のしかた、刷りあがった作品の整理……、ぼくは時間と競争するみたいに目をくばり、声をかけ、走りまわった。そのかいあって、作業は予想以上にはやく進み、終業チャイムの十五分前には全員の作品ができあがっていた。

さて、あとかたづけ、とプレス機のあたりを見たとき、AくんとBくんが何やらしているのに気がついた。

Bくんという子はどちらかというと落ち着きのない腕白《わんぱく》という印象を撒《ま》き散らしている

子で、正直に告白すると、そのときも、気のいいAくんをさそっていたずらをしているのではないかと、一瞬思った。

注意する声を思いとどまることができたのは、全員に完成させた気持ちの余裕《よゆう》があったのか、ハンドルをまわすAくんの笑顔を見たせいか……。ぼくは「あっ！」と思った。打ちのめされたような気がした。

Bくんは、Aくんの版を、Aくんに刷らせていたのだった。

版画でいちばんすてきな瞬間は、刷りあがった紙をめくるときだ。目先《めさき》のこざかしい計算で、ぼくはAくんからその瞬間を奪った。それをBくんは鼻歌まじりでとりもどしてやったのだ。そう考えたわけではないだろうが、結果的にはそうだった。

ぼくはぼくの過《あやま》ちをAくんに謝り、それをカバーしてくれたBくんにお礼を言った。

今思いかえしてみると、Bくんは自然にふるまったにすぎなかったのだ。お礼など言われてとまどったにちがいない。

その証拠に、Bくんは迷惑そうな顔で、ぼくに愛想笑《あいそわら》いをしていたのだから。

## 宝物はひっそりと輝く

上甲子園《かみこうしえん》小学校でのある年の図工展で、こんなことがあった。

二年生が四クラス共同で「アスレチックのある公園」という作品を出していた。

大きさのちがう段ボール箱を、畳《たたみ》八枚ほどの広さに敷きつめ、起伏《きふく》のある土台をつくる。そこに遊具《ゆうぐ》を並べる。はしご、つりばし、すべり台、やぐら、ジャングルジム、すべて色画用紙を筒に巻いた〈材木〉と麻ひもの〈ロープ〉でつくられている。さらに小さなひとの形の紙が遊具にとりつき、臨場感《りんじょうかん》を高めている。

遠足で行った、神戸の須磨離宮《すまりきゅう》公園のアスレチックコースを参考にしてつくった。そこのコースはスティーブンソンの『宝島』をもとにしている。船や海の冒険の末、宝の箱に行きつくというストーリーで遊具が並んでいるのである。

二年生の作品は、現実の人間の安全に配慮しなくてもいいのだから当然、と言われればそのとおりなのだが、須磨離宮公園のそれよりも、はるかにスリルとアイデアに満ちあふれたものになっていた。

こういった作品は、全体を眺めわたして楽しみ、細部をほぐすように見て楽しみ、それも作った子どもたちの目の高さまでしゃがんで、さらに紙で作られたひとの高さまで姿勢を低くして見ていくなど、楽しみ方が重層的《じゅうそうてき》である。さらにマニアックに楽しもうと思えば、自分の目を映画のカメラにして、移動させる。低い位置でゆっくり横に動けば、近くのもの遠くのものに遠近感が出る。片目で見るとさらに効果的だ。ゆっくり立ち上がっていくと突然風景がひろがりはじめる。横移動に上下の変化をつけるとまたダイナミックである。

二年生の教室もときどきのぞきにいっていたので、彼らの制作現場も知っていた。だから紙の材木と麻ひものロープの結ばれ方、接着のしかたを見れば、二年生の小さな指が目に浮かぶ。さまざまな方法に、個人の事情が感じられる。先生の指導をはみだした、苦労と工夫《くふう》の跡が見える。

そんな調子でぼくが作品を見ていると、二年生の女の子が、すぐ横にしゃがみこんだ。すぐ前の一角を指さし、

「ここらへん、わたしらがつくっててん。」

と言った。そして、にっと笑った。

「ええこと、教えたろか。ここにな、宝物、あるねん。」

すっと手をのばすと、小さな家の屋根裏から、折りたたんだ紙を手品のようにとりだし、ひろげて見せてくれた。そこには色鉛筆で、王冠やネックレス、宝石などがぎっしりと描かれていたのである。

大共同制作の片すみの、ほんの小さな小屋だった。そこに宝物を隠すことで、そこがコースの最終地点、いちばんすてきなところにしてしまったのだ。

ところがそれだけではなかった。宝物の紙をもどす手で、ひょいと小屋を持ち上げた。なんとそこに立てられていたのは、とぐろを巻いた大蛇だったのだ。

「宝、守っとんねん。」

女の子は小屋をもとのように置きなおし、

「ええやろ。」

にっと笑って、行ってしまった。

なにもかもわかって作品を見ていたつもりの図工の先生が、二年生の女の子に、にっと笑って足もとをすくわれたような気がした。

## 学校ウサギをつかまえたこと

学校で起こったことをそのまま物語に書く、ということをしたことがない。だが、学校でおとながしたことを、子どもがしたことにして書いた話が、ひとつある。『学校ウサギをつかまえろ』（偕成社・一九八九）である。

物語は、一月のある日、下校時刻を過ぎた頃、始まる。四年生の子どもたちが学校を出たところで、ひとりがウサギを見たと言う。すぐ前の道を公民館のほうへはいっていったと言うのだ。学校に戻ると飼育《しいく》当番がウサギを探している。やはり学校のウサギだ。公民館はちょうど工事中で、資材が散乱している。その中で子どもたちがウサギを見つけ、あれこれ工夫《くふう》をし、工事現場のガードマンの「にいちゃん」に見守られながら、とうとうウサギをつかまえる。そういう二時間を、ほとんど口をきかない女の子、すぐばれるうそをつくといわれている男の子、塾と友情のあいだで揺れる男の子、ざっくばらんな女の子、そして行動派の達ちゃん、理屈派の「ぼく」の六人が過ごす。過ごすなかで、お互いの姿がゆるやかに見えてきて、最後には一体感を味わうことになる。

さて、現実の話はこうである。

「達ちゃん」と「ぼく」が、いや、ツダさんとぼくが職員室で仕事をしていると、飼育当番の子どもがやってきた。そして言うのだ。

「ウサギがいません。」

ツダさんとぼくは、もう下校時刻だからと、子どもを帰らせた。二月のことである。ウサギ小屋は中庭にある。そしてその中庭には、折《おり》からの空調設備の工事で、資材が積まれ、機械が据《す》えられ、プレハブが建ち、複雑をきわめていた。

これは人手《ひとで》が多いほうがいい。学校に残っている動ける先生を集めると、ぼくたちをいれて八人いた。その八人で学校中をさがし、工事現場のプレハブの床下に逃げ込んだウサギを包囲したのである。

そのあと、本に書かれているのと同じようなあれこれのアイデアを試すことになる。スカートの先生がプレハブの下をのぞきこもうとするのを、「達ちゃん」と「ぼく」は肘《ひじ》でつつきあって、目と目で、「ようやるなあ」などと会話する。

白い服をものともせず、湿っぽい地面にころがって棒でウサギを追う女の先生もいる。ぼくは本の中の「ぼく」といっしょで、服の肘や膝《ひざ》を汚《よご》す気になれない。服を汚さずに腕立て伏せの姿勢で床下をのぞきこんでいる。のぞきこみながら、「いや、ぼくはこのあとこの服で電車で帰らなきゃいけないし、ほら、きみたちは自転車か車でしょ」などと言い訳を頭の中で考えているのが、かえって情けない。「ぼくは服を汚したくないのさ」と堂々と胸を張って何が悪い、と居直る自分もときどき脳裏をよぎる。

最終的に、飛び出してきたウサギを網で捕《つか》まえ、逃げようとするのを押さえつけて確保したのは「ぼく」。ぼくである。

ウサギをウサギ小屋にもどしたあと、ぼくたちは職員室でストーブを囲み、インスタントコーヒーを飲んだ。ふと気がついた。肘と膝に土がついている。ぼくはなんだかそれが誇らしいような、うれしいような気分だった。みんなでいっしょにウサギを捕まえた。それもうれしかった。それであのしあわせな物語を書いたのだろう。

この本は日本児童文学者協会賞を受賞した。

# 蝿取りリボン

三校めの段上《だんじょう》小学校の図工室は、ぼくが使ったなかで、いちばん広い図工室だった。普通教室の一・五倍の長さがあり、校舎の端《はし》だったから廊下のスペースも教室にとりこまれ、ひろびろとしていたのである。

図工準備室もひと教室の広さがあった。中には水道もガスもあり、南側には幅一メートルちょっとのベランダもある。この準備室の窓から見る夕焼けは美しかった。空が広い。まわりがほとんど田や畑で、家も個人住宅が多く、六甲山《ろっこうさん》に沈む夕陽《ゆうひ》が見え、南には新幹線が走るのが見える。

運動場のこちら側にはイチョウが二本立っていて、秋には黄色の葉が、手品師の手の中から際限《さいげん》なくトランプカードが出てくるように、あとからあとから散っていった。運動場のむこう側には数本のメタセコイアが見事《みごと》なしずくの形に並んでいた。残念なことに、これは途中で切られ、ずんぐりしたものになってしまった。学校のまわりが畑というのが仇《あだ》になったのである。メタセコイアの紅葉は派手《はで》ではないが美しい。うすい緑から黄色くなり、赤っぽい茶色にグラデーションしていく。やさしい砂糖菓子のように見える。そして散る。細く短い葉が、畑のホウレンソウだかコマツナだかの葉のすきまにはいる。らしいのだ。苦情が出て、切られた。

仁川《にがわ》にある阪神競馬場が比較的近い。だからこのあたりの農家は馬糞《ばふん》をもらう。ワラまみれのそれがあっちの畑、こっちの畑に積み上げられる。当然芳《こうば》しい香《かお》りがたちこめる。それはいい。あまりよくないが、そのつぎに起こることを考えるとまだいいと思える。何日かたつと蝿《はえ》が大発生するのである。

蝿取りリボン、というものをご存じだろうか。幼き頃、市場《いちば》の魚屋などにぶらさがっていた。フィルムケースのような筒状の一端にひもがついている。そのひもを画鋲《がびょう》などで天井にとめ、ケースを引きおろすと、茶色のベトベトしたリボンがニチョニチョーッと出てくる。どうしてこんなによく知っているかというと、それを職員室の天井にとりつけるのは、たいていぼくだったからである。

蝿のほうもそんなリボンにとまらなければいいのに、これが、とまる。蝿をひきつける匂《にお》いでも出しているのかもしれないが、わからない。こっちの鼻は別の匂いで馬鹿になっているのである。ひきつける色、をしているのかもしれない。ベチョッとした茶色である。思いあたるものがある。

とにかく、とまる。一週間でとまるところがなくなる。ぎっしりと蝿。いったい何匹とまっているのか、一度数えはじめた。

二百まで数えていやになった。そんなリボンが職員室に八本ぶらさがっているのだ。

蝿というものは、「来るな！　こいつは危険だ！」というメッセージを仲間に伝える手段を持たないらしい。でなければ、「オレがやられるなら、オマエもやられてしまえ」と思うのだろう。もしそうなら、ウジ虫のようなやつらである。

苗を植えたばかりの水を張った田の畦《あぜ》を歩く。それが学校への近道だった。山やむこうの家を映《うつ》しこんだ水面に風が吹く、景色が乱れ、苗がウェーブをする。今思うと、あれは贅沢《ぜいたく》な通勤であった。蝿取りリボンの三週間をがまんしてもいいくらいの景色だった。今ならそう思える。

武庫川《むこがわ》のすぐ西側、山陽新幹線の北側の窓から、ずんぐりしたメタセコイアが並んでいるのが見えたら、そこが段上小学校である。

## 整然は雑然に支えられる

図工準備室というものがそうなのか、図工の先生がそういうものなのか、ぼくに理由があるのか知らないけれど、準備室にはものがどんどん増えていく。

学校の中で不要になったものは、たいていのひとがまず図工室に持ってくる。ような気がする。そして要《い》らないか、使わないかと尋ねるのだ。

音楽室の古くなった木琴《もっきん》、トライアングル、大太鼓《おおだいこ》、理科室の試験管スタンド、校長室の応接セット、保健室の冷蔵庫、電気スタンド、図書室のかなり傷んだ図鑑……。そしてそういうお尋ねにはもれなく、要る、使うと答えて準備室にためこんでしまう。

いったい何に使うのかと思われるものもあるでしょう。しかしながら、使《つか》いみちをイメージしてしまうからもらうのである。

そうして図工準備室は雑然となっていく。時おり思いたってかたづけてみる。といっても、捨てない。こっちのものをあっちへ置くのだ。それでちょっとすっきりする。でもまた雑然としてくる。机の上など、つぎからつぎへとものを置くので、どんなに有益な情報が下にあるのかわからない。

言い訳めくが、図工室は整然としていた。準備室という押し入れにものをつめ込んでいるせいである。図工室の整然は準備室の雑然によって保障されているのだとか、こうしてぼくは心のバランスをとっているのだねとか、ひとには言っていた。

要《い》らないか、使わないかと尋ねられたもののなかで、いちばんかさばったものは、校庭の樹木を剪定《せんてい》した枝だった。毎年伐《き》るわけではないから、かなり長く大きい枝も出る。小枝は小刀《こがたな》を経験させる教材に使った。鉛筆のように削るだけでもおもしろい。数メートルの長さとひろがりがある枝は、体育館のすみに置かせてもらった。

段上《だんじょう》小学校のように広い準備室があると、三メートル程度の枝は置けた。あのドアからどうすればはいるのだと驚かれるが、根に近いほうを持って引っぱれば通るのだ。

大きな枝は図工展の作品展示に使った。あたかも体育館の床から生《は》えてきたかに見える木に、粘土でつくった小さなひとが登っていたり、枝からテグスで吊《つ》られた翼のあるひとが舞っていたり。想像するだけで楽しいでしょう。倒れないで床から生える木をつくるには、用務員さんにおおいに助けられた。ぼくは行く学校行く学校で、創意工夫に溢《あふ》れる用務員さんに恵まれたのである。

さて、準備室でもそういう枝は、床や壁から生えているように保存したいじゃありませんか。あちこちにフックをねじ込み、麻ひもで支え、準備室の一角を林のようにした。その下に机を置くと、野外のようで楽しかった。目の前の枝にクリップでメモをとめたり、小さな作品を吊ったりもした。

子どもたちが図工室から準備室をのぞくと、林と机が見える。いい部屋だと言ってくれる。するとうれしくなって、さらにいい感じに見えるように工夫する。つまり子どもたちの目の届かない戸棚の後ろとかを、さらに雑然とさせるわけですね。

こうして段上小学校の図工準備室は、ぼくの準備室のなかでも、図工室からのぞいたときにはもっとも整然としてすてきな準備室となった。おまけにソファーもあったので、よくひとが集まった。

音楽の先生、養護の先生、栄養士の先生たち専科の先生はもちろん、多くのひとが準備室にやってきた。

十二月二十四日はカワモトさんの誕生日である。前の日は休日、次の日は終業式でクリスマス、二学期もおしまい、という気分もあり、半分ギャグで丸いケーキ・ろうそく付きというのをマスダさんが買ってきた。丸いケーキといっても、職員室でそれを切ったら四十五に切らねばならない。そこでケーキの匂いに敏感な七、八人が図工準備室にやってきて、ハッピー・バースデーの儀式をおこなったりした。

夜警員のニシムラさんも、巡回の途中でよく世間話をしていった。

ある日ニシムラさんがやってきたとき、ぼくは図工室の後ろの壁に絵を貼っていた。棚の上に上《のぼ》っていたのと、絵に多くの色が使われていたのと、ちょうど画鋲《がびょう》を押し込んでじっとしていたのが重《かさ》なって、ニシムラさんはそこにぼくがいるとわからなかった。いることに突然気づいてギョッとなった。

それがことのほかふたりには笑えて、つぎからはぼくが意図的にどこかに隠れたり、意外なところにいたりした。たとえば机の間から首だけ出していたり、足だけ出していたりするのである。おしまいにニシムラさんは図工室にはいる前に、戸のむこうで言うようになった。

「先生、わかってますでェ。」

隠れていないときにそう言われると、ぼくはあわてて隠れるのである。

やはり、明るくて広くて整然としているほうが、多くのひとには来やすいようで、できることなら肝《きも》に銘じておきたいと思う。

にしても、整然はどこかの雑然に支えられるのが、世《よ》の常《つね》ではないかなあ。

# 跳んでみてわかること

春休み明けの、給食のない日のことである。

陽気にさそわれ、昼食は昆陽池《こやいけ》公園で花見としゃれこもうではないか、ということになった。

どの学校でもそんなことをしていたかどうかは知らない。が、そういうことを突然言いだす誰かがいて、賛同するものたちがいた。

野鳥の飛来で名のある昆陽池公園は、西宮《にしのみや》市のとなり、伊丹《いたみ》市にある。が、段上《だんじょう》小学校からは車で十分ほど。遠くはない。二、三台の車に分乗し、途中の店でのりまき、いな

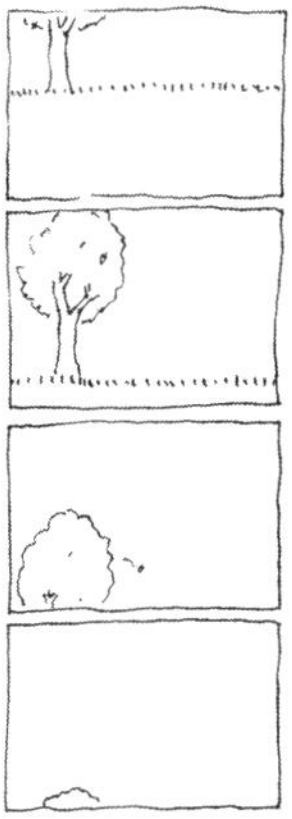

りずし、から揚《あ》げ、てんぷら、ビールなど購入し、公園にのりこんだ。

桜はもはや名残《なごり》の花で、人出もさほどのことはなく、ぼくたちは静かな一角に場所を占《し》めた。そこここに桜の樹。芝生《しばふ》がつくるなだらかな起伏《きふく》を縫って、人工的な浅い川。これは水路といったほうがいいかもしれない。コンクリートでつくられた、幅二メートルちょっと、深さ十センチほどのところを、五センチ程度の水がゆっくりと流れている。その流れの中を幼い子が歩いてもいいかな、といった川である。

ぼくはアルコールに強いほうではない。すぐに顔に出る。けれどきらいではない。そのあと授業で子どもの前に出るわけでもないし、まあすこしくらいならということで、缶ビールの小さいのを飲んだ。

そのうちに、その川を跳《と》び越《こ》せるかどうかという話になった。

こう見えても（どう見えているのか知らないが）ぼくは幼い頃から、こわがりのくせに高いところにのぼったり、飛び降りたり、跳び越えたりするのが好きである。その川幅なら何度も跳び越えた幅と踏《ふ》んだ。

そこでぼくとイチマチさんが跳び越せると言い、ほかは無理だと言った。では跳んでみせろということになり、まずイチマチさんが跳んだ。すらりとした長身のイチマチさんは軽々と跳んだ。

つぎはぼくの番である。

ほら、こういう展開で、もう悪いことが起きそうな気がしてくるでしょう。ちょっと待ってなさい。いまにそういうことが起こるから。

助走の段階で、上着をぬいだほうがよかったかなという考えが頭をよぎった。あとから思えば悪い予感というやつ。だが立ち止まって上着をぬぐにはすでにスピードが出ていた。そこでそのまま跳んだ。跳んでいる時間はあっという間だが、そのあっという間にひとはけっこう考えるものだ。何を考えていたか。

——思ったより距離がのびんぞ。おかしいな。もっと跳べるはずなのに。あ、これではむこう岸に届かんかも……。

届かぬ距離をテクニックでと、走り幅跳びの選手がするように思いきり足を前にのばした。そのことに関しては成功した。みごとに足はむこう岸に届いた。

が、姿勢に無理があり、左足がすべった。目の前に見えていたなだらかな芝生が視界の中でゆっくりさがっていき、かわりにのどかな青空がひろがっていく。ああ、まるでスローモーション映画のようだなと思ったそのあと、ぼくは水深五センチの川にころがっていたのである。

あとでイチマチさんが「なんで後ろに手ぇつけへんねん」と言った。それを聞くまで、そんなことは思いもつかなかった。なるほど、それさえできれば手をぬらすだけですんだのだ。

それにしても跳べる川幅である。跳べるはずだった。養護教諭のスミさんの車のシートをぬらさぬようビニールを敷き、背もたれに背をあずけぬ形で座った帰りの車中で、何度もその川幅と過去に跳んだあの川この川を思い返しその映像を反復し、はっと気がついた。助走した川までの芝生が、川にむかって傾斜していたのだ。それが計算にはいっていなかった。過去の川は川までの助走はもっと平《ひら》たい地面を走っていたのだ。つまりもっと上に跳びあがらなければならなかったのである。

跳んで失敗するまで傾斜に気づかなかった。

跳んでから、それまで立っていたところのことがわかるということがある――。

と、その一か月後に加古川《かこがわ》の「ジオジオ」であった講演会で話した。

外国に行って日本のことがわかったり、遠い存在になってからそのひとのことを自分がどう思っていたかわかったりするように、本を読み終わって（すぐのときも、ずいぶん時間がたってというときもあるけれど）自分がどこに立っていたか、どこを走っていたかわかることがあるのではないか。往々《おうおう》にして、どっぷりとつかっていると自分の場所はわからないものだ。本を読んでそれがわかったということは、跳んだということだろう。本は跳ぶ装置ですね……。

「という講演のマクラにおもしろいかなと思って……」

講演会が終わってスミさんにそう話すと、スミさんはこう言った。

「ころんでもただでは起きんなあ。」

そのことから二十年もたった今、プライド抜きに考えると、やはり傾斜よりもジャンプ力に問題があったと思うのだが、そのときは傾斜のせいだと思いたかったのだ。きっと。

# トンビのトンちゃん

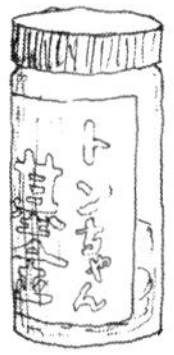


昼休み、職員室にいると、ある先生に声をかけられた。
「オカダさん、鳥、触《さわ》れる?」
中庭に大きな鳥が倒れているというのである。鳥インフルエンザ、などという言葉のなかった時代、一も二もなく駆けつけた。びっくりするほど大きな鳥が、体育の〈気をつけ〉みたいにまっすぐになって横たわっていた。目がすこし動く。死んではいない。持ち上げると重く、冷たかった。
一月十四日、寒い日である。とにかく温めようと、職員室のガスストーブの横に置いた。

彫刻のように固まっているので、降ろしたではなく置いた。学校だから図鑑がある。調べるとトビ、トンビである。いや、トンビがこんなに大きいとは思わなかった。ふだん遠くからしか見ていないので、本当の大きさがわからなかったのだ。

王子《おうじ》動物園に電話した。すると「行き倒れでしょう」と言う。鳥に行き倒れはおかしいと思ったが、飛び倒れはもっとおかしいのでだまっていた。「空腹でしょうから、暖かくしてやって、小魚か鶏肉を与えればいいでしょう」と教えてくれた。

さっそくぼくは近所のスーパーへ自転車で行った。学校には自転車があるのだ。その名を公用車という。鶏肉には抵抗があった。なにしろ鳥である。図鑑には主に死んだ小動物を食べるとあった。海岸に打ち上げられた小魚などが脳裏に浮かび、アジの小さいのをパックで買った。

それを持ち帰ると校長が「待て」と言った。アジの体側にはゼイゴがあって、口に入れると痛いというのである。校長はそれを三枚におろした。野生のトンビが浜に打ち上げられたアジを、どのようにして三枚におろすのだと思ったが、これもだまっておいた。

ところがトンビが食べてくれない。「そうだ」と校長が思いついた。「ぼくの田舎《いなか》では、牛が元気がないとき、トウガラシの粉を溶いたものを気付けに飲ませる」と言うのである。しかし小学校にトウガラシの粉がありますか、と尋ねると、「あ、ある！」と校長は思い出した。学校で食べたインスタントのウドンに、小さなトウガラシの粉のパックがついていたのをかけずに残した、と言う。そして校長室の引き出しからそれを出してきた。

学校でそんなものを食べているのですか、それに使わなかったトウガラシの粉を校長室の机にふつう保存しますか、などと口にしたいことはあったが、だまっていた。校長はそれを湯呑茶碗《ゆのみぢゃわん》の水に溶いた。なるほどトウガラシの赤い粉が口にはいれば気付けにもなりましょうが、ウドンの湯ならぬ冷たい水で、その辛みが水に溶け出ているでしょうか。これはトンビのためを思い、口に出して尋ねた。

もっともだと思った校長は、注意深く水だけをなめてみた。「辛《から》っ」と顔をしかめた。結論を申しあげる。トウガラシを溶いた水は、校長だけでなく、トンビにも効いた。目をパチクリさせた。身体《からだ》も温まってきたのだろう、三枚におろしたアジも食べた。

食べさせたのは教頭である。教頭は家庭科に堪能《たんのう》な女性だった。ぼくたちが感心したのは、教頭の声かけだった。トンビへの。

「ほら、トンちゃん、食べんかいな。ほら、口あけて、おいしいから。」

ぼくたちは小声で、これ、トンちゃんという名前だったか？　とささやきあった。が、こういったものは呼んだもの勝ちである。

トンちゃんは大きな段ボール箱に入れられて、いちばん暖かな部屋、校長室に置くことにした。しかし、とぼくたちは顔を見合わせた。翌日は十五日。この頃《ころ》は十五日が成人の日で休みだったのだ。

「わたしが、来る。」教頭がうなずいた。

十六日の朝、ぼくたちは教頭から、エサをやろうと箱を開けたらトンちゃんが飛び出し、校長室を逃げまわった、という十五日の話を聞いた。逃げまわったのは、前半は教頭で、後半はトンちゃんである。

トンちゃんは、ちょうどあいていた鳥小屋に入れることにした。四畳半ほどの小屋だ。入れてみて、片足がおかしいと気がついた。不自由な止まり方をするし、止まり木に血がついてもいる。獣医に診てもらおうということになった。獣医は野鳥にも詳しかった。黒い布をかぶせると、トンちゃんはおとなしくなった。診察の結果は足の切断。壊死《えし》が始まっていると言う。そして、トンビは飼育してはいけない鳥として保護されているのだが、放すとおそらく生きていけないだろうから、学校で飼うことが許されるだろう、と言うのである。

ここにおいて、トンちゃんは長期的な展望で飼育されることになった。

困ったのはエサ代だ。そんな予算はどこにもない。なにしろ鶏肉か小魚だ。校長はときどき、昨晩のおかずの刺し身をトンちゃんのためにとっておいてやった、などと言って持ってくる。あとはどうやら教頭と校長のポケットから出ているらしい。

「トンちゃん基金を設立しよう！」

と、朝の職員打ち合わせで、ぼくが言った。

インスタントコーヒーのびんに〈トンちゃん基金〉と書いた紙をはりつけ、職員室に置いた。寄付は随時受け付けたが、稼《かせ》ぎの大きいのはなんといっても給料日だった。当時はまだ銀行振込みではなかったのだ。校長室で事務のコヤマさんから給料袋をもらう。ぼくは校長室の出口にコーヒーのびんを置き、「端数《はすう》のお金はトンちゃんに」と呼びかける。

エサをやりにいくのはたいてい教頭だった。飼育委員会という子どもたちの組織もあったが、なにしろタカの仲間である。もしも不用意に近づいて突つかれるようなことなどあれば、と考えると、子どもにさせるわけにはいかない。ぼくもエサをやりにいくことがあったが、翼をひろげると一メートルは楽《らく》にこえる。エサを入れた皿を地面に置き、扉から出たとたんに止まり木から舞いおりる。羽ばたきで風が起こる。迫力があるのだ。眼光も鋭い。

では飼育委員会は何もしなかったかというと、できることは何かと考えたらしい。そして、このトンビの名前を全校児童から募集すると発表したのだ。校長室の前の投票箱に名前を書いて入れてくれ、というのである。

ぼくたちは「え?」と思った。あのトンビは、〈教頭の〉トンちゃんだろう、と思っていたのだ。放課後こっそり箱を調べると、〈ナウシカ〉だの〈ガンダム〉だの、アニメ風の名前に人気が集まっている。今さら教頭にナウシカちゃんとかガンちゃんとか呼ばせるのも忍びない。しかたがない。〈トンちゃん〉票を大量動員した。

めでたく、トンビの名前は〈トンちゃん〉に決まった。

それから、ずいぶん長くトンちゃんは生きた。ぼくが次の学校へ移っても、段上《だんじょう》小学校に行くたびに、トンちゃんに会いに鳥小屋まで行った。たまに見るからわかるのだが、眼がどんどんやさしくなっていくのだった。

トンちゃんがやってきた頃、段上小学校はどういうわけか動物病院のような様相を呈していた。足の悪いアヒル、足をかじられた小ウサギ、そういう傷ついた小さな生きものが職員室の片すみで、しょっちゅう世話されていた。そしてそういう動物がいると、職員室はなごやかな空気が、いつもより濃く流れていたようにぼくには思える。ナマに生命《いのち》というものを感じて、生きている、よかった、という地点に立てていたような気がする。

## ゴムの長靴とほうきと

どの小学校の子どもたちも、どの小学校のおとなたちも、どの小学校の図工室も図工準備室も、ぼくは本当に好きだった。だから学校を替わるときは、いつだって寂しさを感じた。いよいよこの学校を出るのだとわかった三学期など、妙に子どもたちにやさしくしている自分に気づいたりするのだ。

それはきっと、目先《めさき》のことだけにとらわれるということがなくなるからだと思う。いつまでにこの作品を仕上げなければとか、どうしてきみは忘れものをするのかなどの「今、ここ」のことがらで心を満たしてしまうことがない。

——あれやこれやの関係のなかで自分は生きている。そして自分ができることを精いっぱいしているけれど、どこに勤めるかということは、どこかの役所の誰かの指先で決まるのだ。将棋《しょうぎ》の駒《こま》のように。そのひとは駒がどれだけその場所を好きだったかなんて知らない。考えてみれば組織に勤めるものだけがそうなのではない。小学校の子どもだって、自分ができることを精いっぱいやっていても、自分の力の及ばない事情であれこれの波に揉《も》まれるのだ。

まあこういった感慨が心のどこかに居座っているので、子どもへのまなざしが「うん、うん」とうなずくようなものになってしまうのだろう。

そんな気分で次の学校へ行く。慣れないところは不安である。はじめて見る顔は親《した》しみが湧《わ》かない。当然ながら。そう、はじめて見る顔はヘンに平面的に見える。時間がそれを立体的にしていくのだけれど。

時間があれば馴染《なじ》んでいけるが、何かが馴染む速度を後押ししてくれる、ということがある。

三校め、段上《だんじよう》小学校にはじめて行ったときのこと。地図を片手に校門をはいると、正面にまるい植え込みがあった。車をまわすためにあるらしい。その植え込みの植物を手入れしているひとがいる。白いシャツに黒のゴム長《なが》、麦藁《むぎわら》帽子をかぶっている。校長室はどこですかと尋ねると、にこやかにその場所を教えてくれた。校長室で待っていると、さっきのひとが長靴ではいってきた。校長先生だったのである。

たいていの学校では四月一日の校長は、ネクタイを締めて黒っぽいスーツを着て、校長室で待っている。そこへ赴任《ふにん》してきた教師が、どこそこから来ただれそれです、と辞令《じれい》を渡すのである。それがいけないといっているのではない。形や格式がもたらすいいものもある。けれどぼくはその校長、フジキさんにいい印象を持ったことは事実である。

そしてその印象は正しかった。フジキさんは毎朝、支援を必要とする子たちのクラスへ行って、始業のチャイムが鳴るまでピアノを弾いた。「ほかの子よりも優遇してるみたいに見えるかもしれんけどな」と、あるときぼくに言った。「あの子たちは、何かのときにふっと忘れられることがありがちなんや。朝ピアノを弾くんは、あの子らのことを自分に印象づけてるんや。」

ぼくは段上小学校に、最初の日から親しみを感じた。

最初の日といえば、四校め、津門《つと》小学校に行った朝のことである。この角《かど》を曲がれば学校の門があるというところで、年配の女性が家の前の道を、ほうきで掃いていた。そういえば昔はよく家の前の道を掃いているひとがいたな、などと思いながら行き過ぎようとすると、

「おはようございます。」

と、ほほえんで軽く頭を下げられた。すこし驚きながら、笑顔で同じ挨拶《あいさつ》をかえした。それだけのことである。それだけのことだが、ぼくはここでもやっていける、と思ったのである。

# ぼくが愛した西館

津門《つと》小学校の図工室は、敷地の西側、南北に伸びた西館の一階にあった。鉄筋コンクリート三階建ての西館は、一九三七年に建てられた。当時は津門小学校の顔だった。地域のスターと言ってもいい。昔の卒業アルバムを見ると、まわりは田や畑である。木造二階建ての校舎や講堂が、そのあたりではしゃれた建築物であったところに、鉄筋コンクリート三階建てが、忽然《こつぜん》と出現したのである。卒業アルバムの、六年生の授業風景は、かならずこの校舎の教室だった。

しかし時は流れる。

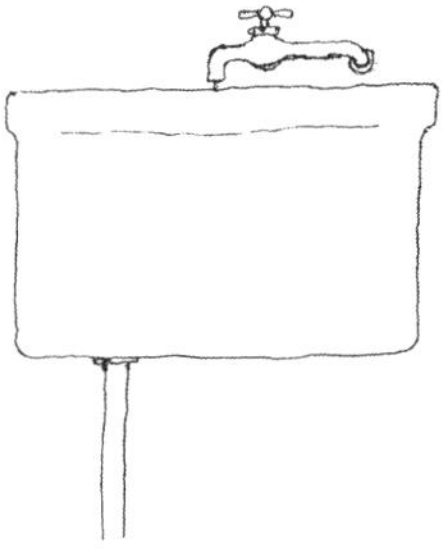

ぼくがこの学校の図工の先生になったときには、建てられてから五十六年の歳月《さいげつ》が過ぎていた。津門小学校ではもっとも古い校舎、のみならず、西宮《にしのみや》市内でも古さではベスト3にはいっていた。

なにしろ関東大震災から十四年しかたっていないときの建物である。やけに頑丈《がんじょう》につくられている。厚いコンクリートの壁。太い柱と梁《はり》。白い漆喰《しっくい》の厚塗りの壁と天井。チョコレート色の腰板《こしいた》。廊下のうす暗い天井を見上げれば、あいつぐ電気工事の成果か名残《なごり》か、生死不明の電線のはいった白いパイプが、図工室の前だけでも数えてみれば十本通っている。

外に面した窓は、防犯のためか風音《かざおと》のせいか、アルミサッシの窓枠《まどわく》に変わりはてているものの、廊下と教室を隔《へだ》てる窓は由緒《ゆいしょ》正しき木枠のそれで、これはまた何のまじないだろう、その窓ガラスの一枚一枚に白ペンキで「つ」という文字が上端に記《しる》されている。もしかすると戦時中にガラス板をどこかに集める必要でもあって、再分配《さいぶんぱい》するときにどこのものであったかわかるように「津門小《つとしょう》」の「つ」と書いたのだろうか。それなら浜脇小《はまわきしょう》のガラスには「は」、用海小《ようがいしょう》のは「よ」というガラスが残っていたりするのだろうか、と考えてみたりしたものだ。

教室の床とすりへった階段は板張りで、油を引く。引くと独特の匂《にお》いがする。西館の三階にはPTA会議室があり、図工室前の階段を、役員をしておられるお母さんが昇《のぼ》り降《お》りする。そのひとりが油の匂いを「なつかしい。小学生の頃を思い出す」とおっしゃった。匂いの染《し》みた記憶は、いつも不意打ちである。思わずつぶやいてしまうのもよくわかる。

最初の学校の図工室が普通教室だった。そのときに、市内にもう一校そういうところがあると書いた。それがなんと、この津門小だった。あれ以来ずっとそうだったのだ。ぼくが狭いところを好きと知っていたような人事《じんじ》である。前の段上《だんじょう》小《しょう》と比べると、半分の広さだ。だが、狭い図工室では、話す声がすみずみまで届いているような気分で、一体感がある。それは単にすみずみまで届いているにすぎないのだろうが、子どもたちひとりひとりの心に届いているような気分にさせてくれるのである。

図工室のとなりが、図工準備室だった。こちらはかつて普通教室として使っていたのを半分に戸棚《とだな》で仕切って、図工室に近いほうを図工準備室、遠いほうを倉庫として使っていた。が、その前身は、校長室だったのではないかと思われた。カーテン上部に、レールを隠すように短い遮光布《しゃこうぬの》が、それも花柄の、段通《だんつう》というのか昔日《せきじつ》TVのブラウン管の前にかかっていたような織りで、下にはこまかい房《ふさ》などつき、ボックス型にしつらえられていたのだ。それは白い漆喰《しっくい》の壁、天井によく似合っており、そんな部屋は校長室以外に考えられないのである。

図工準備室をもうすこし広くしてやろうと考えた。そこで、ふたつの部屋の仕切りにしている戸棚たちを、毎日すこしずつ倉庫のほうへ押していった。その一方、狭くなる倉庫のほうは、中の机やストーブ、ロープなどをきちんと整理し、とりだしやすいようにしていった。

すこしずつ変わる広さは誰にも見とがめられないだろうと企《たくら》んだのだが、毎日その部屋を見ているのはぼくだけで、ひさしぶりにやってきた用務員さんや先生たちは、

「あれ？」

と言うのだった。

この西館の準備室、午前中はうす暗く、西陽《にしび》ばかりがよくはいり、風の通りがまったく

なく、便所の匂《にお》いがするところ、と着任早々聞かされた。うーむと腕を組むと、図工展で使ったものらしいスチレン板、発泡スチロール板の類《たぐい》が目にとまった。たくさんある。それを西側のすべての窓に貼りつけた。すると初夏など、クーラーをつけているのかと疑われるほど涼しい部屋となった。西陽がはいらないとなると、壁が厚いので海洋性気候というやつ、熱《ねっ》しにくいのである。ところが冷《さ》めにくい。秋になっても暑いのだった。

便所の匂いのほうは、もともと自然に水がたまれば流れる水洗式のものが男子用便器に備えられていたのだが、システムが作動していなかった。いやそんな大層《たいそう》なもの言いをすることもない。栓《せん》がしまっていたのである。この種の装置はときどき栓のしめ加減《かげん》を調整する必要がある。水垢《みずあか》がつまるのだ。そこで調整した。何年ぶりかの錆《さ》びた色の水が流れた。

こんな装置はすでに絶滅しているだろうから役に立たない知識だが、この調整には根気《こんき》がいる。しょっちゅう流れては水がもったいない。が、流れが細すぎると止まってしまう。カランを微妙にひねる。むかいの図工準備室にもどって、子どもの作品を見るとか資料をつくるとかの仕事をする。ザアッと水の流れる音に時計を見る。二十分たって流れた。これでは間隔が短い。むかいの便所へ行って窓の桟《さん》に手をかけ、男子用便器に足をかけ、エイヤッと身体《からだ》を引き上げ、天井近くのカランを微妙にひねる。これをくり返すのである。どうです。役に立たんでしょう。

とにかく装置は復活し、四十分程度で流れるようになった。換気扇も四六時中《しろくじちゅう》まわし続けていると、もはや目を閉じれば、図工準備室とむかいあって便所があるなど、わからぬようになったのである。

この西館、図工室、図工準備室を、ぼくはとても気にいっていたのだが、子どもたちは、

「先生、夜中にひとりで西館にいて、こわくないの?」

と言ってくれる。こわい、不気味《ぶきみ》、という感じが西館にはある、というのである。

西館にはおばけが出る、らしい。とりわけドアのノブが青く色の変わった真鍮《しんちゅう》で、赤黒く錆びきったパイプが走り、何度も塗り重ねた壁のペンキが漆喰もろともぼろぼろ欠け落ちる便所には「はなこさん」がすんでいるらしい。その証拠につい先日も、「誰もいないはずの便所で水が流れたのよ!」。それは四十分たったからです、とぼくは心の中だけで言う。

低学年の子など放課後に肝《きも》だめしにやってくる。ひとの後ろへ後ろへとまわりながら押しつ押されつの二、三人、便所の前までやってきて、

「さんばんめーのー、はーなこさーん。」

と呼ぶ。何が三番目なのか知らないが、ぼくにはサービス精神というものがときどきあって、気がむくと裏声でかすかに返事してやるのである。

「は〜〜〜い。」

かわいいものである。低学年の子は試すはずの肝がつぶれて、先争《さきあらそ》って逃げ出すのであった。


西館は、昼でも廊下はうす暗い。夕方ともなればなおさらである。たまたま準備室の戸をガラリと開けたその瞬間に、音楽の先生がちょうど通りかかったところだったりすると、ただでさえ大きい目をもっと大きくして、たいそうびっくりなさるのだ。まあ、うす暗いだけでなく、何か出そうなのですね。

さて、十一月も末のこと、六時をまわればもうとっぷりと暮れの鐘。夜警員さんが旋《せ》

錠《じょう》した西館には、手持ちの鍵ではいる。西館の一階には四つも出入り口があり、ぼくは図工準備室に近い扉の鍵を、家庭科のセノオさんは家庭科室に近い扉の鍵を持っている。

何かの会議が終わったときにはもうまっ暗になっていた。職員室を出て西館に向かって歩いていると西館の廊下に、つづいて家庭科室に明かりがついた。セノオさんである。彼女は音楽の先生とちがって、暗い西館をおそれない。と自分では言っている。

図工準備室の近くの鍵で、ぼくは西館にはいった。はいったところで、小用を足したくなった。そこで準備室のむかいの便所にはいる。廊下に明かりがついているので（それはけっして明るくはないが）わざわざトイレの電気を点けるまでもない。

と、家庭科室の戸を閉める音が聞こえた。セノオさんはほんのちょっとの用で家庭科室に来たらしい。まずいなと思った。セノオさんはぼくに気づいていない。当然廊下の電気を消して帰るだろう。するとぼくは暗闇の中でおしっこをしていることになるではありませんか。暗闇の中ではできないかといわれると、できる。だが西館のそのあたりはまっ暗になると、本当にまっ暗になるのだ。手探《てさぐ》りでぼろぼろはがれる壁からスイッチをさがすなんて、ぞっとしない。かといって、大声で「おしっこしてます！」と叫ぶのもどういうものか。

きわめて短い時間に、きわめて多くのことを思案しているうちに案の定、数歩の足音のあとにスイッチの音。西館は暗黒《あんこく》と化したのである。もうしかたがない。ぼくは遠慮がちに、低い声で、

「電気、消さんといてー。」

と、言った。

つぎの瞬間、まっ暗な、人気《ひとけ》のない西館全体に、セノオさんの悲鳴が響きわたったのである。

# ゆっくりとした反応体

津門《つと》小学校のKくんのことである。Kくんは作品をつくるのは遅くない。たとえばシナベニヤを電動糸鋸機《いとのこき》で切って、ジグソーパズルをつくるとき、とくに工夫《くふう》は凝《こ》らさない。Kくんなりに凝らしているのかもしれないが、まず凝らしているようには見えない。ただ形をぐにゃぐにゃと分割するという、ま、見方によればいちばん手っ取り早い工夫を採用する。このスタートダッシュのおかげで、ひとよりは早くもないが遅くもないというタイミングでできあがる。

Kくんは授業中に席を立つことがある。落ち着きがないというのでもない。

落ち着いて立ち上がり、ごみ箱のところへ行く。ポケットからティッシュを取り出し、おもむろに鼻にあて、教室中に響く音で鼻をかむ。どうすればそういう音が出るのかわからないが、これに関して彼は欧米人である。クラスのみんなも心得たもので、おお、と驚くのはぼくだけだ。そして席にもどるとちゅう、友人の作品の出来具合をゆっくりと見る。これが二時間の授業のうち、二回はある。

「先生、おしっこ」と言うのも一度はある。これはなかなかもどってこない。図工室のすぐ前のトイレには行かない。行きつけのトイレがある。馴染《なじ》みの便器があるのだ。それにしても遅い。すこし心配になって外を見る。すると図工室がある西校舎の入り口、三段ほどの階段の、端《はし》についたスロープの横にしゃがんでいる。何をしているのかと近寄ると、二匹のダンゴムシに競走させているのである。どっちが勝つのか尋ねると、

「こっち。ずっとこっちやねん。」

ずっとやるなよと思いながら、そのレースを最終レースにしなさい、と言う。

ここまで読むと、それはゆっくりとした反応体《はんのうたい》ではなく、ぼんやりとした反応体ではないのか、と思われるだろう。そういう部分は確かにある。けれど、ここからがちょっと

ちがうのである。

それは図工展の話で、一学期につくったジグソーパズルは、二学期の図工展まで、ぼくが預かることにした。するとKくんは、校内外を問わず、ぼくとすれちがうと、

「ジグソーパズル、いつ返してくれるの？」

「ジグソーパズル、ちょっと図工室でしてみていい？」

「ジグソーパズル、一日だけ持って帰ってもいい？」

などと言うのだ。まあ、これはほかの子もそう思っているが言わない、Kくんだから言う、という見方もできる。

図工展が終わったあと（ジグソーパズルを返したという話ではない）、Kくんのクラスは、会場のあとかたづけをしていた。ぼくは針金などを整理しながら、みんなの仕事ぶりを横目で見ていた。案の定、Kくんはうろうろと歩きまわってはいるが、かたづけているとは言いがたい。そのうちにぼくのところにやってきた。横にしゃがみこんで、ぼくの仕事を眺めている。で、ぽつんとこう言った。

「先生、なんでぼくの絵、あっちのほう出したん？」

二種類の絵からどちらかを出品することにしていた。こっちを出したいと希望があるひとはそれを出品する。どちらでもいいと言うひとの分は、先生が選ぶ。Kくんは、どちらでもいいと言っていた。ぼくはKくんに、

「出品した作品のほうが、線がおもしろいように思《おも》たんや。あれはきみにしか描けない絵や。きみのいいところが出ている。いいなあと思たんや。」

と説明した。

Kくんは「ふうん」と言ったあと、しばらくだまって、それから、

「先生、出してくれてありがとう。」

と言うと、むこうへ行ってしまった。

ぼくは針金を丸める手をとめて、Kくんの後ろ姿を見送った。

図工の先生になって二十五年、十三回めの図工展だった。出してくれてありがとうと言われたのは初めてだ。もちろん、そのあともなかった。ぼくが関《かか》わった図工展で出品されたことに礼を言ってくれた唯一の少年が彼である。

子どもの作品を出すのが図工展である以上、出品するのは当然であり、礼を言われる筋合いのものではないはずだ。でもぼくは、その言葉に感動してしまった。

自分の絵に、思いがけずいいところを見つけてくれていたこと。それはほかのひとに見せてもいいほどだと思ってくれたこと。自分なりに一所懸命にやってきたが、そうか、あれでよかったんだ、と思えたこと。そういううれしい気持ちの動きと暖かさが胸に溢《あふ》れて、「出してくれて、ありがとう」の言葉が口からぽろりと出てきたのだろう。それにしても、出品されたことに感謝したいという心情に至った心の体験というのは、すごいものがあると思うのだ。

で、そういう心の動きは、ゆっくりとした反応体ということと無関係ではないと思う。ゆっくりとした反応が、すばやい反応よりいつもすぐれている、と言っているのではないが、すぐれている面があることは、まちがいないと思うのである。

# 阪神・淡路大震災のこと

阪神・淡路大震災のことを書くのはむずかしい。悲しい話はいくらもある。一度講演会でつらい話につい触れてしまって、涙が出て困った。つらい話をして、残ったひとが今後しあわせに生きるというのなら、涙の流《なが》し甲斐《がい》もあるというものだが、ただ悲しいだけなら、そういう話はほかのひとに任せよう。ぼくはそれ以外の話をしよう。そう心に決めた。

津門《つと》小学校二年めの三学期に地震は起こった。交通機関は寸断されていたが、すぐに代替バスが運行を始め、それを乗り継いで学校へ行った。

運動場は駐車場と化し、体育館は避難してきたひとたちでいっぱいだった。運動場の車の中で寝起きしているひとも多く、そのなかには、小学生もたくさんいた。

五年生のMくんと顔を合わせると、Mくんのほうが先に言った。

「先生とこ、どうやったん?」

一瞬、答えにつまった。住んでいた神戸市東灘区《ひがしなだ》のそのあたり、道路はひび割れ、電柱は倒れ、うちのアパートの東西南北の家は全壊、もちろん亡くなった方もおられ、すこし南へ歩けば高速道路も倒れている。部屋の中とて、本棚の本やらあれこれすべて落ち、かつ倒れ、戸棚の中のものたちもわざわざ戸を開けて飛び出して落ち、割れ、こぼれ、冷凍冷蔵庫など上に電子レンジをのせたまま飛び上がったものらしく、戸棚から飛び出た皿の上にわざとのように乗ってくだいている。

だが、アパートそのものは鉄筋コンクリートの二階建て、上から見ればカタカナのコの字の形、頑丈《がんじょう》このうえなく、ひびひとつはいっていない。なぜ答えにつまったか、おわかりいただけるだろう。先生の家を心配してくれたMくんは、ここ、避難所にいるのだ。自分が住んでいたところには住めないのである。

本来、おとなのこっちが、Mくん、きみのうちはどうだったのか、おうちのひとは無事なのか、と尋ねなければならないところだ。

「いや、なんとかだいじょうぶや。それより、きみは体育館で眠れるの？」

と、ぼくは尋ねかえした。すると、顔をしかめて首をふった。ふとんも毛布もある。だがぎゅうぎゅうづめの体育館だ。

「余震もこわいけど、まわりのひとのイビキがひどいねん。」

と。ぼくは、がんばれ、と肩をたたくだけだった。


頑丈《がんじょう》一点張りの西館は無事で、図工室のひとつ上の階の部屋が霊安室になっていた。二十七体。西館にはいると線香の匂《にお》い。後日《ごじつ》、なにもかも運び出されてまったく床だけの教室になったが、匂いが抜けない。誰かがリンゴを置くといいと言い、つぎの日見ると、木の床がむきだしの教室の中央に、赤いリンゴがひとつ置かれていた。ひとつだけかい、と思いつつ、シュールリアリズムという言葉を思い浮かべた。

図工室も蛍光灯など落ち、ひどいありさまだが、準備室のほうがものが多いだけ、ひどかった。けれど、もっとひどいのがトイレだ。水道が復旧していない水洗便所は、ボットン便所に劣るのである。プールからバケツで水を汲んで、トイレの前の大きなポリバケツに入れる。それをひしゃくで汲んで使用するのだ。

もちろん授業はない。作業か会議。被害状況の確認。さいわい津門小の子どもたちは全員無事、保護者のほうは、父、母のレベルまでは無事、祖父、祖母で亡くなった方がいる。職員も全員無事、職員の身内《みうち》では不幸があった。

会議の内容は、子どもたちの居所《いどころ》の確認、授業再開への準備もさることながら、学校に避難しているひとたちとどう共生《きようせい》していくかということが切実だった。

会議の途中にも余震は襲った。みんなが息をのみ、すこし強いと腰が浮く。あとで口々に、今のは震度三ぐらいだ、などと言い合う。貧乏ゆすりが癖《くせ》のひとなど、白い目で見られる。なにしろ、どきっとするのである。

十六日ぶりに学校が再開された。

校門に立って出迎える。子どもたちが子どもらしくなったように見える。おとなを尊敬をこめた目で見ているように感じる。

どのクラスでも作文を書かせたり、話し合ったりした。そのようすを聞くと、多くの子が父親を誇らしく思ったらしい。ドアを体当たりで開けたとか、助けてくれたとか、となりのだれそれさんを助けたとか。それから子どもたちも家族の一員として、水汲みなど、昔の子があたりまえにしていたようなことを体験したようだ。

それやこれやで、誰もが「生命《いのち》」や「家族」の近くにいて、塾とかゲームから遠いところにいて、子どもが子どもらしかったのではないかと思う。西宮では、この時期、不登校が減ったそうである。

授業で図工室にやってきたMくんに「あいかわらずの体育館での暮らし、すこしは馴《な》れたか?」と尋ねた。Mくんは両腕をラッシュするボクサーのように動かし、

「馴れまくり!」

と、笑った。

ぼくは、よかった、と思った。

## 図工の先生が作家であるということ

最初の本『ムンジャクンジュは毛虫じゃない』が出版されることになったとき、学校の先生がそんなことをしてもいいのか、と思ったことがある。

公立の学校の先生は公務員である。公務員はたしか、別の収入があってはいけないのではないか、と思ったのだ。校長先生に相談すると教育委員会に問い合わせてくれ、出版とか講演の収入は問題ない、と答えてくれた。

それでほっとしたものの、なんだかうしろめたさのようなものが、とくに初期の頃にはあった。だから学校の子どもたちが、ぼくが書いた本を手に、サインをしてくれと職員室

にやってきたりすると、あわてて図工室に連れていったりしたものだ。

そのうちに、ある子がこんなことを言ってくれた。

「作家ゆうて、もう死んでるか遠いところにいてるか、関係ないひとのことやと思ってた。」

ああそうか、とぼくはすこし背筋を伸ばした。書いた文や描いた絵が本になり出版される。そういう文化を、子どもたちがよそごとではなく身近に感じるモデルという役割を、ぼくは果たしてもいたのだと思った。すぐそこにいる、いっしょにあほなことを言って笑いあうひとが、書いたり描いたりしたものが本になっているのだ。

その頃からうしろめたさのようなものはあまり感じなくなった。とはいえ、サインはなるべく図工室ですることにしていた。

図工はたいてい二時間続きの授業だから、あいだに休み時間というものがある。休み時間だが何かの作業をしている子もいる。ぼくは自分の机の椅子にすわっている。するとまわりにひまそうな子が何人か寄ってくる。

「先生、いまもなんか本書いてんのん?」

「うん、ゲームの世界へはいりこんでしまう話書いてんねん。」

「なんちゅうゲーム？」

「光の石の伝説。」

「そんなん、知らんで。」

「そら知らんやろ。ぼくが創《つく》ったんやから。」

「作家はええな。なんでも創れる。」

「なんでも創れる？　そんな都合のええことにはなってないぞ。なんでも創れるんやったら、いまごろぼくは……。」

「そんなんええから、どんな話なん？」

ぼくはどんな話か、かいつまんで話す。

「それ、なんちゅう名前の子が出てくんのん？」

「男の子はアオキ・マナブ。」

「おいアオキ、おまえや。」

「え？　おれ？」

「ここにいてるアオキはタカシやん。話に出てくるアオキはタカシとちゃう、マナブやがな。」

「女の子も出てくるのん?」

「出てくるなあ。女の子の名前はヤスダ・アカリ。」

「あ、一組のウラ・アカリ。」

「ウラとヤスダはちゃうやろ。」

「ほかにも出てくる?」

「このゲームの世界で出会うかっこええ子はタニ・ユウタゆうねん。」

「あ、それ、おれやん。」

「おまえはタニ・リョウタやろ。あのな、かっこええユウタはゲームのなかで死ぬねんで。」

「それ、いま書いてるとちゅうやろ。おれ、まだ生きてる?」

「おまえとちゃうけど、まだ生きてる。」

「よかった。」

「おまえとちゃうゆうてるやろ。」

「先生、おれも出してぇなぁ。ちらっと出てくる役でええから。」

「そうや、先生、ナカムラも出したって。」

「いま、名前の決まってないのは、いじめっ子みたいな役だけやねんけど……」

「あ、それでええ。」

こんなことで決まっていいのかと思うけれど、その本ではそういう名前のいじめっ子みたいな子が出てくる。

その本というのは『選ばなかった冒険――光の石の伝説』（偕成社・一九九七）である。

# アーサー・ランサムのこと

夙川《しゆくがわ》小学校で教えたナカガワくんが、津門《つと》小学校の準備室にやってきた。（ほかに書きようがないし、本人が「教えてもらった」と言ってくれるので「教えた」と書くけれど、この言葉はなにか恥ずかしい。「教え子」もそう。「出会った」とか「つき合った」という気分が本当だが、ちょっと誤解を生む場合があるし、こちらが教師でむこうが小学生などと補足をしなければならず、そうなると相手が女の子の場合、いよいよ誤解が深まる心配もあるので、しかたなく使っている。）

ナカガワくんはそのとき、もう三十才くらい。大学院を出て、就職した会社がさらにア

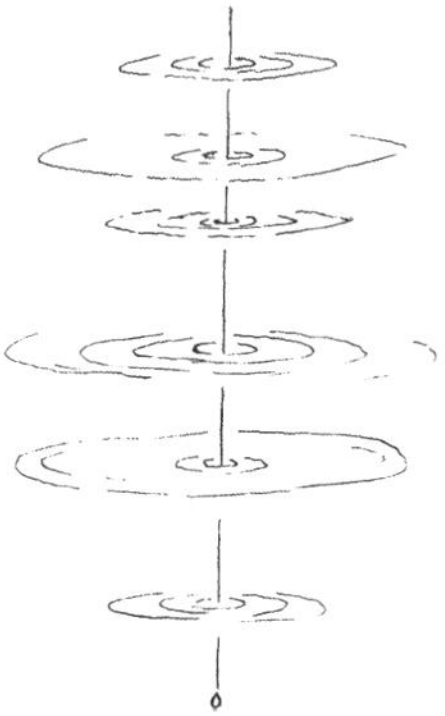

メリカの大学へ留学させてくれるそうで、ついては日本を離れる前に会っておきたかった、とやってきてくれたのである。

「先生、これ、おみやげです。」

見ると、バッジと筒に巻いた紙である。バッジは黄色地に、ツバメの旗と海賊旗《かいぞくき》が交差している。お、これは、と思った。アーサー・ランサム全集第一巻『ツバメ号とアマゾン号』の見返しについていたマークではなかったか。まわりの字を読むと、まちがいない。

紙をひろげると、地図だった。細《こま》かい字で書き込みがある。英語である。大きな字で、'ARTHUR RANSOME in LAKELAND' と書いてある。地図は湖水《こすい》地方、ウィンダミア湖とその周辺で、いたるところに「ヤマネコ島のモデルはここ」などの書き込みがある。

「ナカガワくん、きみ、なんでぼくがアーサー・ランサムを好きやと知ってたん？」

よく言うよ、という目でナカガワくんはぼくを見た。

「あんなに熱《あつ》く、アーサー・ランサムを語《かた》っていたじゃないですか！」

え？　ぼくが？　授業中に？　語っていたのだそうである。おそらく自分の宝島の地図でもかかせようとしたときか、時間が余ったときにでも……。

ナカガワくんはすっかりアーサー・ランサムの世界にはまり、大学生時代に自転車で外国をまわる旅に出たときもウィンダミア湖を巡《めぐ》り、つい最近の新婚旅行も（そりゃあおめでとう！）ウィンダミア湖をコースに入れた。ウィンダミア駅のひとつ手前にケンダルという駅があり、そこに「湖水地方暮らしと産業館　アボット・ホール」がある。その二階にアーサー・ランサムの部屋があって、生前《せいぜん》使用の机や文具も展示され、一階で申し込むと「アーサー・ランサム協会」の会員になれる、というので会員になり、このバッジと地図もそこで先生のために求めた。と言うのである。

そうだったのか！　でしょう？

アーサー・ランサム全集を知らないひとのために書いておくが、岩波書店から出ている。十二冊のすべてにヨットが出てくる。でも、ヨットに乗らないひとでも、自然とか夏休みとか遊びとか冒険が好きなら、そして本を読むのが好きなら、好きになる全集だとぼくは思う。

ところが、これを十二冊読んだというひとが、意外と少ない。ぼくはナカガワくんと会ったあと、ひさしぶりに十二冊を読んだ。津門小学校の図書室の本棚の片すみに、その地味《じみ》な灰色の背表紙が並んでいた。二十五年ぶりに読んで、楽しかった。ああそうだったのかというところと、そうだった、そうだったというところがある。気づかぬうちに、自分の作品に影響を及ぼしているところもあって、汗も出た。

この頃《ころ》の津門小《つとしょう》の図書室にはバーコードなどない。だから本の見返しにはポケットがついていて、貸出カードがはいっていた。個人情報という考え方は理解できるが、自分が好きな本を誰が読んでいるのか知りたい、というのも人情である。驚いたことに、この十数年で十二冊読んだのは、たったひとりだった。いちばん多く貸し出されたのは『女海賊の島』。タイトルがいかに大事かということがよくわかる。借りたのは圧倒的に男の子。男の子たちは何を考えてこの本を手にとったのだろう。うーむ。わかるような気もするが。

とにかく、全十二冊を読んだひとが少ない。ということは、全十二冊を読んだひとと同士、ある種の連帯感《れんたいかん》を持つということである。会話のなかでそれがわかったりすると、一挙にうちとけてしまうのだ。それほど、まれ。イギリスのケンダルで、ナカガワくんが「先生のこと」を思い出したのもうなずけるというものなのだ。

ところで、ぼくがなぜアーサー・ランサム全集を知ったのかというと、高校演劇部の先輩フジムラさんのおかげである。フジムラさんは、ぼくにヨットのおもしろさを教え、アーサー・ランサム全集のことも教えてくれた。さっそく、その頃《ころ》勤めていた夙川《しゅくがわ》小学校の図書室を探したが、なかった。フジムラさんは、自分が持っていた十二冊を貸してくれた。

一読《いちどく》、すっかり魅了《みりょう》されたぼくは、強く図書担当のヤマモトくんに勧《すす》めて、買ってもらったのだった。ははあ、ちょっと読めてきたような気がするぞ。夙川小学校の図書室にはもちろん、バーコードのバの字もない。貸し出されたかどうかの記録がカードに残る。あんなに場所をとる本が、あまり読まれないとなると、「ジュンさん、あれは高い買い物やったなあ」などと言われかねない。なんとか子どもたちに読んでもらいたい。それで、熱く……。

もはや真相《しんそう》は藪《やぶ》の中である。いや、十数年にひとりが読みとおすために、図書室の棚を五十センチほど占領する。公共の場所って、そういうことを保障するのが本当なんじゃないかなと思うのだ。公共の仕事にロマンというものがあるとすれば、そういう出会いを支えることなんだと思う。

ぼくはフジムラさんに尋ねてみた。いったいどうしてこの本のことを知ったんですか、と。フジムラさんは、父上（オリンピックに出場したヨット選手である）のところに来るヨットマンに教えてもらった、と答えた。

なぜそんなことを聞いたのかというと、こんな映像が頭に浮かぶからだ。空間に何層《なんそう》にも〈水面のようなもの〉がある。上から〈滴《しずく》のようなもの〉が落ちてくる。滴は水面を通り抜け、水面に波紋をひろげる。滴は消滅せず、つぎつぎに水面を通り抜け、それぞれの水面で波紋をひろげる。見上げれば、滴は垂直方向ずっと上から落ちてきたものらしく、何重《なんじゅう》にも水面がある。下のほうも同じらしい。

ヨットマンの水面の下にフジムラさんの水面、その下にぼくの水面、さらに下にナカガワくんの水面、その下にはナカガワくんに近いひとの水面がある。アーサー・ランサムの本を読むと、それぞれの水面で波紋がひろがるのだ。ひろがり方はそれぞれちがうし波の高さもそれぞれだろう。けれどアーサー・ランサムの本の滴は、時間とともに落ち続け、それぞれの心に波紋をひろげ続ける。

ぼくはフジムラさんの波紋を見上げる。ぼくはフジムラさんを好きだが、そこにはアーサー・ランサムの豊《ゆた》かさが加味《かみ》されている。ナカガワくんのほうも同じである。ひとひとが、本の滴でつながっていて、わかり合える、とでもいうようなしあわせな映像を思うのである。

本だけに限らず、多くのことに言えるのだろうが、本にはそれ自体の楽しみ、豊かさがあって、それはそれだけで当然いいのだけれど、本とその周辺の人間関係の楽しさ、豊かさというものがある。それを思うとき、出版文化というものを信じられるなあと、ぼくは思うのだ。

# 組立体操は甘酸っぱい

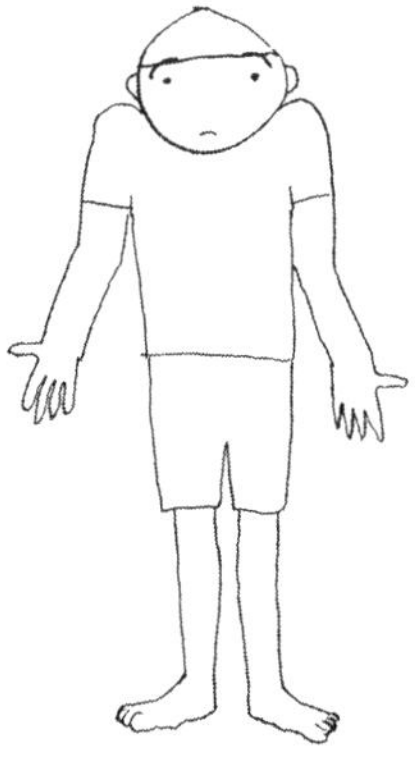

津門《つと》小学校での、ある体育会のこと。
六年の男の子が突然休んだ。
リレーは誰かが二度走ることにするが、騎馬戦と組立体操は役割が決まっているので、代理の者がそのポジションにはいらねばならない。ほかの先生はすでに代役、補助と役が決まっている——と、体育担当であり六年担任でもあるヤマネさんが、横目でぼくを見ながら言うのである。横目はやがて正視《せいし》のうなずきになり、ぼくは騎馬戦と組立体操に出場することになった。

騎馬戦は午前中にあった。これはどうということはない。騎馬を組むのはぼくが子どもの頃と変わりはない。あとは騎手が帽子を取るか取られるか、馬のほうは崩《くず》されないよう押し返す、それだけのことだ。そう思って臨《のぞ》んだが、おそろしいものでやれば血が騒ぐ。前の子の肩をつかみ、騎手を乗せる。それだけで同志という一体感が湧《わ》き起こってくるのである。

一回戦は総当たり。三、四騎やっつけたところで、後ろからやられる。うちも後ろから襲ったから、これはひとを呪《のろ》わば穴《あな》ふたつというやつ。二回戦は全騎《ぜんき》一斉《いっせい》の一騎討ち。押しまくってこれも勝つ。三回戦が勝ち抜き一騎討ち。

五年から始まる。男子の騎馬と女子の騎馬の戦いで、目にも止まらぬ早技で、女子が男子の帽子をつかみとる。近くで見ていると、力勝負にもちこめなかった男子の歯がゆさ、女子チームの痛快《つうかい》さが、ナマで伝わっておもしろい。おもしろいのは順番がまだまだまわってこないからである。

しかし順番は着実に迫ってくる。馬の前の役のカタオカくんが、しきりに、

「先生、前と替わろう。」

と、言ってくる。ぼくは断る。先生が前で勝ったと言われるのも、先生が前で負けたと言われるのも、不本意《ふほんい》である。

戦って勝つのが言わずもがなのベストだ。しかし戦うと負けるかもしれないというリスクがある。作戦はないのか。先生替わって。いやそれはまずい。緊張が高まる。というちに、あれよあれよと我が軍が勝ってしまった。順番は、まわってこなかったのだ。とりあえず、昂揚《こうよう》した気分で退場門に駆けもどる。

「先生、肩をぎゅうっと握るから、痛いわ。」

とカタオカくんがあとで言った。負けたくなくて力がはいっていたのである。

午後の部では組立体操に出場。朝からヤマネさんが子どもたちに、代役でオカダ先生が出てくれる、と伝えておいてくれたから、ナカイくんやジュンヤが、

「いっしょにやろう。」

と、声をかけてくれる。そのふたりのあいだにはいるのである。

「やさしく教えてくれよ。」

などと冗談ぽく答えているが、練習さえ見たことがない。不安である。

「いっしょに入場しなくていいですから、このあたりで待っていてください。で、必要だと思ったら、はいってください。」

ヤマネさんにそう言われて、そのあたりで待っていた。入場してくる。ナカイくんとジュンヤは最前列である。最前列か、と思う。

「第一の運動、空にきらめく星。」

と指揮台のヤマネさんが言って、ピッと笛を吹く。全員が仰向《あおむ》けに横になる。ピッ、つぎの笛で両手を空に向かって伸ばす。ピ――ッ、長い笛で掌《て》をひろげて小刻《こきざ》みに揺らす。

ははあ、これが〈空にきらめく星〉かと思う。毎年組立体操にはテーマがある。その年は〈宇宙〉がテーマだったのだ。

いや待て。そんなことを思っている場合ではない。「必要だ」と思うのはいつだろう。このときになって、あの指示は曖昧《あいまい》であると気づいた。必要なとき、までにそこへ行っていなければならんのではないか。

元《もと》の体勢にもどったナカイくんの目をとらえ、ぼくは自分を指さし、ナカイくんのとなりを指さし、？の目をして、

（イッ、イケバヨイノカ？）

と、尋ねた。ナカイくんは肩をすくめ、小さく両手をひろげてみせた。どこの国の小学生じゃ、とぼくは思ったが、ナカイくんの言わんとするところはよくわかった。

（キテクレレバウレシイガ、キテクレナケレバ、ソレワソレデカマワナイ。）

先生に遠慮しているのだ。健気《けなげ》ではないか。行かざるを得《え》ん。行ったぼくにナカイくんはやさしくささやいた。

「先生、つぎの笛で、逆立《さかだ》ちするねん。」

「おれが、か？」

一瞬、もうひとつあとからでもよかったかと思った。しかしこう言ってはなんだが、逆立ちは得意である。いや、得意であったと言うべきだろう。この前にした逆立ちは、いったいいつのことだったろう。五十才になる図工の先生に、逆立ちをする必要はちょっとない。おそらく、冗談でしたのも含めて二、三十年はしていまい。

あれやこれやが脳裏をかすめるうちに、ヤマネさんが笛を吹く。強すぎてはナカイくんが受けとめにくかろう。弱すぎてはかっこう悪くやりなおしである。ええい、やれ！

これがなんと一発で決まったのだ。こういう感覚は身体《からだ》が覚えているものらしい。小学生の頃の先生の指示が、これまた四十年の眠りから醒《さ》めて蘇《よみがえ》る。教育は死なず。

——両手の幅を底辺にした正三角形の頂点を見て胸をそらせる。足先は伸ばす。オカダ、うまいぞ。

最後のひとことは蘇ったというより、作った、かもしれない。

あとで聞いたのだが、本部席では驚いたらしい。ぼくより若いほかの代役の先生は、誰も逆立ちなどせず、しゃがんで待っていたというのだ。校長は来賓《らいひん》に「オカダが逆立ちをしとります！　カメラ、カメラ！」と叫んだというが、ぼくは写真をもらっていない。

ぼくは逆立ちを一発で成功させたが、まだ全員は成功していない。

何度も試みる子どものために、心やさしいヤマネさんは待ってあげる。成功したものは、その間《かん》逆立ちを続ける。ヤマネさんのやさしさは、こういうひとたちの頑張《がんば》りに支えられている。だんだん顔が赤らんでいくのがわかる。血が上《のぼ》る。いや血にすれば下《さ》がっているのか。のみならず、腕が疲れてくる。地球を支えているなどとギャグは言わない。それでは逆に重さが伝わらん。六十七キロの体重を頭上に支えているのである。そこで鳴った笛のありがたさ。ナカイくんはぼくの両足を、そっと押すようにはなしてくれる。つぎはナカイくんの番。ちょっと遠慮したのか蹴《け》りが弱い。二度めに成功。

「第三の運動、宇宙飛行船」と、指揮台からの声。

「先生、笛が鳴ったら、ジュンヤと入れ替わって。」

「おう。しかし、いまの逆立ち、何ちゅう名前やってん。」

「彗星《すいせい》。」

まあ、そう言われればそうかも、と思えてしまうところがすごい。宇宙飛行船の形の予感はあたった。ぼくとジュンヤが入れ替わるというところでわかったのだ。ナカイくんの肩に手をかけているジュンヤの足を、ぼくが持ち上げるのである。代理のぼくのほうが元《もと》の子よりも背が高いので、宇宙飛行船のジュンヤはぼくたちの頭上で、

「うわ、いつもより身体《からだ》が反《そ》る。いつもより身体が反る。」

と叫んでいる。

言うまでもないが、演技中の会話はつねに腹話術《ふくわじゅつ》のように口を動かさず、しかも囁《ささや》き声《ごえ》でする。ジュンヤは口を動かさず、表情にもださず、囁き声で叫んでいるのである。

「第六の運動、自転惑星。」

これなど見当《けんとう》がつかないでしょう。六人ひと組、三人ずつの二重の輪になる。外の輪の三人が肩を組む。内側の三人は、外の三人が肩を組んだ上に手をまわして肩を組む。六人が時計回りにまわる。内側だった三人は足を浮かす。すると浮いた足が遠心力《えんしんりょく》というか慣性《かんせい》の法則《ほうそく》というか、外側に開くのである。

練習のときはうまくいかなかったらしい。

「浮いた！　浮いた！」

「はじめてできた！」

「感動やなあ！」

おとなの力がひとりはいると、こんなものである。

「第七の運動、ガス星雲。」

何だ、それは、と思ったら、なんのことはない。〈扇〉である。足をひっつけた五人が手をつないでひろがる。いちばん大きいぼくが当然まんなか。

「先生、つぎの笛で、前に倒れるねん。」

言っておくが、これはまんなかがいちばんショックがきついのだ。かといって、足を踏み出して倒れるのはダサイ。えい、いけ！　小石でちょっとすりむくが成功。

組立体操といえばピラミッドだろう。第八の運動がそれだった。名付けて「惑星誕生」。どこが「惑星誕生」なのかよくわからないが、まあ宇宙にこじつけようというところから無理がある。しかしそう言われて『炎のランナー』などがBGMに流れれば、整然と組み立てられていくのがそれらしいかもしれない。だがよく考えると惑星の誕生そのものがわからんのである。

「先生、しゃがんで。」

「もうちょっと小さなって。」

「もっと寄って。」

みんな実にやさしく小声で指示を出してくれる。ぼくは言われたとおりに従うことに何の疑問も（あたりまえだが）いだかず、うまくやろうということで、みんなとひとつになっている。教えられ、そのとおりにやることで成功へ向かうことの快《こころよ》さのなかにいる。

ピラミッドのいちばん下で、となりのピラミッドのやはりいちばん下の女子と目が合う。

「しんどいな。」

小声で言うと、共感の笑顔でうなずいてくれる。

フィナーレは膝《ひざ》で立って腕を組み、ウェーブ。

「先生、つぎの笛で、ヤアッゆうて立つねん。」

それは毎年やってるから知っておる。これで終わりだ。よし。ピ——ッ！

「ヤアッ！」

ひとりだけ跳びあがってしまった。去年までは跳びあがっていたのだ。それが今年は立つだけにしたのだといいう。早く言えよ。言ったたか。

駆け足で退場。ぼくはしあわせだった。退場門のところでナカイくんとジュンヤに、

「手を出せ。」

ぱんぱんとたたきあう。

組立体操の一体感は甘酸《あまず》っぱい。

ナカイくんもジュンヤも「先生」と呼びながら、ぼくを、自分たちの側のものと思っている。それは言わば、させられる側の仲間である。思えば子どもたちはつねに学習の場で、

指導者がつくりだす方向性のなかで、一体となり、かばいあい、心を通《かよ》わせていたのだろう。

組立体操の現場で、あれほど会話があったとははじめて知ったが、とにかくぼくは彼らと、なんと言えばいいのだろう、同じ釜《かま》のメシを食ったというか、心を通わせたというか、そういう体験をした。もしかするとぼくだけ感動していたのかもしれない、という気も少しはあったけれど。

体育会が終わると、六年生が中心になってあとかたづけをする。看板だかプラカードだかを運びながら通りかかると、ジュンヤがマットで遊んでいる。ぼくと目が合うと、遊びをやめて、照れ笑いを浮かべた。ぼくは、

「あとで、ちゃんとかたづけときや。」

とだけ言った。組立体操をやっていなければ、もうすこし理屈っぽく、もうすこし冷たい言い方をしただろうと思う。

その夜のおとなたちの打ち上げで、六年生の代役ごくろうさま、そのあたりの感想のスピーチを、と司会に振られた。今ここに書いたようなことをかいつまんで話し、こちらこそありがたかった、おもしろかった、心を通わせることができたような気がする、と話

した。

するとヤマネさんが、好意を込めてこう言った。

「いや、今のオカダさんの話は、エエ話ですが、それはきょうだけ出たからそんな話になるんです。練習中の苦労、罵詈雑言《ばりぞうごん》、叱責《しっせき》、叱咤《しった》激励、イライラ、それが話にはいっとらんのです。」

なるほど、ぼくはそういうものに支えられて、心を通わせていたにちがいない。

だが、ほんとうのところ、ぼくだけが喜んでいたのか、ナカイくんやジュンヤも喜んでいたのか、それともいつもの仲間がいなくてとまどっていたのか、そのあたりがひっかかってはいた。


つぎの年の体育会、ぼくは放送席で、前の年のことを思い出しながら組立体操を見ていた。後ろの気配《けはい》にふりむくと、中学一年になったナカイくんが立っていた。

「去年、おもしろかったな。」

と、ぼくが言うと、ナカイくんは笑顔でうなずいた。ぼくは良かったと思った。

# 舞台の天井で

津門《つと》小学校でのことである。

卒業まぢかの六年生にいくつかの実行委員会をつくらせ、卒業にかかわるイベントのあれこれを企画、運営させることになった。卒業文集、記念樹、記念の奉仕活動と、するべきことはいろいろあるのだ。

そのひとつに卒業式の舞台装飾というのがあった。

どの実行委員会も担当の先生がついていて、助言、指導にあたる。舞台装飾実行委員会の担当は、図工の先生がすることになった。

三クラスから十一名が図工室に集まった。ふだんの図工の時間のようすから、なるほどきみならこの仕事に立候補するだろうという子もいれば、きみ、こんな仕事が好きだったのか？　と心の中でつぶやきたくなる子もいるから、おもしろい。

舞台にかかげられるスローガンはすでに六年生全員で決めていた。〈はばたけ明日《あす》へそして夢《ゆめ》へ〉というのである。この言葉は発泡スチロールの文字になる。それ以外の舞台のイメージはどんなものがいいか、それぞれがスケッチしてきて、アイデアをつき合わせ、話し合って決めた。

虹《にじ》の一部が見えていて、白い雲がある。そこに巨大な気球が上《のぼ》っていき、そのゴンドラに卒業生全員が乗っている。全員が自分の上半身を画用紙に描き、はりこむのだ。升《ます》に盛り上げた豆のように。さらにまわりには鳩《はと》が飛んでいる。

もちろん、ひとりのアイデアではない。みんなのアイデアを寄せ集めるから迫力のあるものになる。

作業場が必要になった。ちょうど図工室の上の階の教室が、二年前の阪神・淡路大震災からこっち、ずっとあいていた。そこを使うことにした。作業時間は毎日の給食のあとの昼休み、二十五分ほど。

注文した何枚もの発泡スチロールの板、塗料、はけ、テグス（透明な魚釣り用の糸）が届くと、作業が始まった。

まず下絵を描く。虹など半径数メートルの円の一部だから、体育館に発泡スチロールをひろげ、ロープをコンパスにして描いた。

つぎに、それを切り出す。発泡スチロールカッターというものを使う。糸鋸《いとのこ》の刃のかわりにニクロム線がついているものである。熱で切る。慣れればかんたんにあつかえるが、こんなものに慣れている小学生はあまりいない。厚さ数センチ、畳《たたみ》一枚分の発泡スチロールの板は、なかなかうまく切れてくれない。

まずおおまかに外側を切り落とし、不要な部分で切る練習をした。慣れてから仕上げの線を切る。さらにカッターナイフでこまかい修正をする。作業場はすぐに発泡スチロールの粉と、かけらだらけになった。

つぎは塗料をぬる。床をよごさないように、教室いっぱいにブルーシートをひろげて作業する。専用の作業場なので、時間がくれば作品はそのままにしておける。だが、はけはちゃんと洗っておかなければかたまってしまう。

時間いっぱい作業したがる子どもたちは、はけをていねいに洗えない。それをぼくが洗う。で、考えた。つぎの日にこう言ってみた。

「この作業が終わったら、そのはけは記念にあげます。フェルトペンで名前を書いておきなさい。ちゃんと洗っておけば、持って帰ったあとも使えます。」

はじめからはけはプレゼントするつもりだったのだが、名前を書くと、あと三分だからはけを洗おうと言うと、さっと洗いにいくようになった。しかもていねいに洗うのだ。現金なものだと思うが、ぼくだってそうする。

作業が進むと形が見えてくる。「すごい」「きれい」といった声が十一名のあいだからもれはじめる。さらに、実行委員が自分のクラスから集めてきた六年生全員の上半身をはりこんでいくと、作品に厚みのようなものが出てくる。

実行委員には「オレたちはすごいことをやってる感」が生まれてくる。休み時間に友人をつれてきて、窓のそとから見せてあげようとする子がいたりする。

鳩は、これも発泡スチロールで、胴体に翼を接着した立体的なものをつくった。

二十日間ほどでできあがったものを体育館に運ぶ。津門《つと》小学校の体育館の舞台は変わっている。客席からは見えないが、天井が「すのこ」で、その上を立って歩くことができる。何枚もの十数センチの幅の板が、数センチのすきまをあけて張られているのである。舞台横に梯子《はしご》をかけるとのぼることができる。すのこの上は、高いところが苦手《にがて》なものには歩きにくい。足がすくんで進めない子もいる。すきまから数メートル下の舞台が見え、空中を歩いているような気分になるのだ。

ここにのぼった子どもたちがテグスをたらし、下にいる子どもたちが作品に結びつけ、上に引き上げる。客席から見ている子どもたちが「もっと上」とか「もう十センチほど右」とか叫ぶのである。なかなか的確な指示をおくる。どうかな、と思うときはぼくを見るけれど。

作業は昼休みでは終わらず、放課後にずれこんだ。卒業式の二日前のことである。長さ七メートルの虹がつりあがり、卒業生を乗せた気球がのぼり、〈はばたけ明日へそして夢へ〉がつりさげられ、白い雲が舞台に置かれ、鳩が飛ばされる。できあがったときは、期《き》せずして拍手がおこった。もはや、われわれはひとつのチームだった。

じつはそのとき職員会議が始まっていた。ぼくはそちらを遅刻していたのだ。だから作業場のあとかたづけ、掃除は彼らにまかせた。

「すべてが終われば、記念のはけを持って帰りなさい。きみたちはよくやった。」

と言って、職員室へぼくはいそいだ。

会議が終わったあと、もう暗くなった西館の作業場へ行った。ちゃんとかたづいているかどうか、見にいったのだ。発泡スチロールは授業で使うこともあったので、掃除しにくいことは知っていた。ちらばったかけら、それも薄いかけらほど、静電気でところかまわずひっつくのである。だから多少掃除しきれていなくても、あれほどがんばったのだから大目にみてやらねば、などと思いながら暗い階段をのぼった。

静まりかえった教室の蛍光灯をつけて、ぼくは息をのんだ。

完璧な掃除がされていた。ぼくはこれほどきちんと掃除された部屋というものをはじめて見たように思った。掃除で感動をおぼえたのは、このときだけである。「ぼくたちはやりとげた感」がこの掃除をさせた、と思った。

津門小学校の入学式の舞台装飾は卒業式のそれを使いまわしていた。〈はばたけ明日へそして夢へ〉をはずして、〈にゅうがく　おめでとう〉につけかえるだけである。つけかえるために、ぼくは舞台の天井、すのこにのぼった。すると、実行委員会の子どもたちが、発泡スチロールの虹や気球、文字や鳩のテグスをどういうふうに結んでいたか、はじめて知った。

これが式の途中で落ちるなんてことが絶対にあってはならない、そう思ったにちがいない。テグスは、何度も、なんども、なんども、なんども、結ばれていたのだった。

ぼくは舞台の天井で、ひとり胸を熱くした。

## 演劇クラブが始まったわけ

ムカツク、キレルなどという言葉は、かなり前からあったと思う。けれどその言葉は、いわば裏の言葉で、たとえば何かの行為を先生に説明するときに使う言葉ではなかった。ところがいつか舞台は回って、表に出てきた。

子どもたちの生活を考える先生たちの集まりでは、そのすこし前から緊急の課題として、子どもたちに人間関係をいかに学ばせるか、という話題が高まっていた。けれども時代は、人と人を分断し、自分の都合、自分のイメージでひとと関係をつくる方向へ流れていった。情報は刺激的になり、自然から遠ざかり、家族は少ないのに別々に食べ、塾にテレビゲー

ム、パソコン、ケータイ、権利の主張の訴訟社会……、のなかに子どもたちは生きている。学校は果てしない後退戦《こうたいせん》を戦いながら、それでもなんとか方法はないかと模索《もさく》する。ぼくは図工という教科それ自身が、それに対抗するひとつの方法だと思う。人間の文化を尊重しながら、他者と自分を認めていく。しかもそれが、できるできないという「学力」にはそれほど関係なく、自分の力のなかでできるのである。なぜ自分の力のなかでできるのかというと、その多くの時間が個人的な体験だからだ。個人的な体験というのは決定的に大事だ。まず個人が自立しなければお話にならない。

けれど同時に、人と人のあいだで費《つい》やされる体験、というのが必要だ。ということで思い出したのが、演劇である。とりあえずクラブ活動のなかで、演劇クラブをつくってみればどうだろう。それがいい教育効果を持つと認められれば、取り組みがひろがるかもしれない。そう思って、クラブ活動の担当をしていたヤマネさんに相談した。

津門《つと》小《しょう》の五年めの二月に、ぼくは島根県大田《おおだ》市に招かれた。『放課後の時間割』を原作としたミュージカル『学校ネズミのコンサート』の公演があったのである。それは島根音楽祭として、各市が順に主催する企画で、大田市はミュージカルを思いたったのだ。出演者は市民である。小学校四年生から六十二才まで。もちろんほとんどのひとが、初舞台。

公演は土、日の二日間。

土曜日の幕開《まくあ》き前、教育委員会の担当の方とコーヒーを飲んでいた。素人《しろうと》が舞台に立つには、破らねばならない殻《から》があるだろうなと想像しながら、

「いちばん苦労なさったのは、どんなことですか?」

と、尋ねた。答えは、聞いたときには意外だったが、すぐに「なるほど」と思いあたった。

「子どもたちの躾《しつけ》ですね。」

と、おっしゃったのである。

脚本・作詞の佐藤万里さん、演出・振付の三浦克也さん、作曲の川崎絵都夫さん、美術・衣装の小池あけみさんたちが、土、日の練習のために、毎週末、東京からやってくる。で、役者たちに話をする。と、子どもたちに私語が多い。また、十五分の休憩になると、コンビニへ出かけて雑誌を立ち読みしていてもどってこない。いや、まいりましたよ。そうおっしゃるのだ。

今の子どもたちの姿を思い浮かべると、不思議でもなんでもない。平均的な姿である。ところが、舞台が始まると、そんな話は忘れてしまった。すばらしい舞台だった。地域ミュージカルということで、客席との一体感は当然ある。出演者に知り合いがいないというのは原作者ぐらいのものである。それを差し引いても、レベルの高い舞台だった。一日めの幕が降りると、明日も幕が開くことが楽しみだと思った。二日めの舞台が進んでいくと、終わってほしくないと思うほどの、いい時間と空間をつくりあげていた。

二日めの舞台が終わったあと、打ち上げがあった。広い会場に大きなテーブルがいくつも並び、立食スタイルの打ち上げである。フロアの前に、舞台はないもののスピーチ用の机とマイクがあり、市長、原作者、演出家と、スピーチが続く。

会場の中央、前列の机にはアルコールはない。子どもたちのテーブルだった。型どおりのスピーチのあとは、自然発生的な歌。ミュージカルだから、全員の歌など、出演者、スタッフは振りをつけて歌える。ちょうど傍《かたわ》らにはピアノがあって、伴奏もつく。もうこの歌をみんなで歌うこともないのだ。気がつくと、誰もが泣いている。泣いて歌い、踊っている。

自然発生したのは歌だけではなかった。型どおりではないスピーチが始まった。舞台を支えたスタッフとか、最後までみんなを心配させた出演者とか、みんなのなかから名前があがっては、机のマイクへ行く。

そのとき、ぼくは気づいた。子どもたちが全員、しゃがんでいるのだ。スピーチの机は高い位置にはない。中央前列にいる子どもたちは、後ろのひとたちに話し手が見えるように、しゃがんでいるのである。

打ち上げにはリハーサルはない。絶対にない。誰も号令とか指示は出していない。子どもたちは自発的にしゃがんでいる。待てよ、この子たちは「躾に苦労した」といわれた子たちではなかったか。では、何が子どもたちを変えたのか。演劇だ。とぼくは思った。

おとなも子どもも、初めてのことで思うようにはいかない。ひと前で泣いたこともあっただろう。どうしてもできなかったステップがはじめて全員揃《そろ》ったとき、手をとりあって喜んだこともあっただろう。汗を流して大道具をつくっている場面も見ただろう。苦楽《くらく》をともにして、一所懸命の時間を過ごして、お互いに支えあって、自分の仕事は自分がきっちりとやりとげて、そういう時間を過ごして、世界というものは自分ひとりが生きているのではないという感覚が身についたのではないか、と思った。

しゃがんでいる子どもたちは美しい。躾という言葉は礼儀作法を教え込むことだが、躾という字は、身についた美しさである。演劇という体験は、そういうことを可能にすると思ったのである。


津門《つと》小学校に演劇クラブは発足《ほっそく》した。ぼくが脚本を書き、演出し、至福の時間を過ごした。(そのことをここに書いていると、図工準備室から離れすぎるので紹介しないが、とてもおもしろかった。神原《かんばら》小学校に移ってからも、四年めから始めたほどである。)

津門小学校では、そのせいかどうかはわからないが、演劇クラブが始まったつぎの年から、全校生による、音楽会と図工展と舞台表現のあわさった〈秋の発表会〉が始まるのである。

## 楽しい職員会議

おおむね会議というものは楽しくはない。なかには、いい提案だなあ、いい話し合いだったなあというのもないではない。が、楽しいというレベルまではいきにくい。というか、会議が楽しいものである必要はないのだ。まずは退屈だったり、いらっとしたり、うんざりしたりするのがふつうである。

だが、わくわくするような楽しい職員会議が、一度だけあった。

津門《つと》小学校、一九九九年十二月のことである。

月例《げつれい》の職員会議では、まず来月の月中行事が審議される。

来月、つまり二〇〇〇年一月というと、一九九五年一月の阪神・淡路大震災から五年である。

「五年といえば五周年、いわば節目《ふしめ》の年、記念的な行事があってもいいのではないかと思うのですが。」

と、ヤマネさんがまず口火《くちび》を切った。

防災担当《ぼうさいたんとう》という係がいる。防火設備を把握《はあく》し、避難経路を考え、訓練を実施し、地震や不審者についての対応も考えるという役である。大震災の記念行事となればこの係の守備範囲、司会は防災担当者に振った。

「三校時の避難訓練は予定していますが、記念集会のようなものはとくに考えてはいませんでしたが……」

と、担当者が言った。

それはそれでわからなくもない。節目の年などというのは五年がそうといえばそうだが、十年といえばそれもそうである。あれこれと多忙な学校現場、あえて行事をつくることもあるまい。ここはひとつ学級で、担任が五年前の体験をふまえて防災の話をするということとですませる。そして持てる力は学級経営なり教科の実践にそそごうではないか――。

「いや、何かやらねばならんということもないかもしれんのですが」と、ヤマネさんは続けた。「あの年に一年生だった子が六年生になっとるんです。わたしたちが一年生のときこうだった、などと何人かの六年生の子に語らせるのも意味があると思うんですが……」

ヤマネさんがそう言うと、ほかのものがこんなことを言いだした。

「それなら地域の方にも体験をしゃべってもらったらいいと思います。うちのクラスの保護者にちょうどいいひとがいます。」

「あの、わたし、いい本を持っていて、それをスライドにとれれば、地震のようすを紹介できると思います。」

ヒガシタニさんがそう言うと、タナハシさんがつけたした。

「スライドにするの、わたしできると思う。手伝います。」

「わたしも。」

と、スガハラさんがタナハシさんにうなずいた。

「スライド、説明するひとがいりますねえ。」

「誰もおらなんだら、ぼくがやってもええですわ。」

と、ヤマネさん。

「子どもだけが語るのもなんやから、先生の体験も誰かしゃべったほうがええのんちゃうやろか。」

「サカグチさん、やってくれる？」

「ぼく、やりましょか。」

「やっぱり最後は音楽、歌で盛り上げたいなあ。スミダさん、来月の歌はなに？」

「一月の歌は、震災やから『ビリーヴ』（作詞・作曲　杉本竜一）を予定してます。」

「ばっちりや。かならずぼくがそばにいて支えてあげる、やからね。」

「そしたら、わたしがテープの係やります。」

と、コシバさん。

「ほな、指揮はわたしやな。」

と、スミダさん。

「よろしければ、不肖《ふしょう》わたくしが司会をさせていただきます。」

これは、ぼく。この頃《ころ》、なにかというと司会をしていたのだ。この職員会議もぼくの司会だったような気がしてきた。

「あのう、これで、やらせてもろてもよろしいですか?」

防災担当者にきいた。防災担当者は、

「決めていただいて、ありがとうございます。」

と言った。

そのあと、よく気のつくダイトウさんがつぶやいた。

「校長先生にも、なんかしてもろたほうがええのんちゃう?」

それを忘れていたことをおくびにも出さず、司会は言った。

「校長先生には、黙祷《もくとう》の呼びかけをしていただきます。」


ものの二十分ほどで、原案もないのに〈全校集会〉ができてしまった。空前絶後。こんなことは三十八年間の職員会議人生のなかで、このときだけである。

この二十分は楽しかった。わくわくする二十分だった。なにもないところから、あれよあれよという間に行事をつくりあげてしまったのだ。

まあ会議としては態《てい》をなしておらんと指摘されるむきもあろう。村祭りのイベントを決めているのではないのだ。学校教育の一時間をつかう全校集会が、原案のプリント一枚もなしに、流れも係も決めてしまうというのだから。

しかしあの会議は血肉が通《かよ》っていたと思う。そしてそれをしてしまった集団の力と、こんな形を許した集団の懐《ふところ》の深さを、ぼくはひそかに誇りに思っているのである。

もちろん、全校集会は感動的だった。子どもたちのスピーチもよかった。スライドも、黙祷も、よかった。司会をしながら、最後の歌『ビリーヴ』では、胸にこみあげるものがあった。

そう、「世界中の希望のせて　この地球はまわってる」(『ビリーヴ』)のである。

## 遠足のつきそい

ある学年が三クラスだったとして、遠足に行くとき、三人の学級担任だけで連れていくという場合のほうが少ない。そのほかに少なくともひとりは余裕がほしい。たとえば突然子どもが歩けなくなって、タクシーで連れ帰らなければならなくなったとき。子どもが電車に乗り遅れて、その場にひとり残らなければならなくなったとき。そういうときに、もうひとりが必要である。

そこを学級担任ではない音楽や図工の先生、ときには養護の先生がうめる。遠足的行事という担当者がいて（学校にはやたら担当者がいるのだ）、適当な学年に適当な人材をあ

てはめる。ぼくたちはつきそい、と呼んでいたが、旅行命令簿（そんなものがある）には
○年生児童引率、と書く。
実感としては引率するというより、引率されているというのが正しい。なにしろ下見《したみ》をしていない。学級担任はかならず下見をしているのだが、図工の先生には、はじめて足を踏み入れる場所である。いきおい最後尾《さいこうび》につくことになる。学級担任、子どもたち、学級担任、子どもたち、学級担任、子どもたち、ぼく。

こういう長い列の最後尾を歩く苦労は、こういう長い列の最後尾を歩いたことがあるひとでなければわかりにくい。先頭を歩く苦労がぼくにわからないように。

先頭が歩きはじめたとき、最後尾が同時に一歩を踏み出すということはありえない。そんなことができるのは新体操団体の選手かシンクロナイズドスイミングの集団ぐらいである。先頭が歩きはじめたな、とふたりめが歩きだす。ここですでに何分の一秒かのタイムラグ、時間の遅れがある。なかには何分の一秒ではすまない子もいる。それが最後尾まで積み重なる。列が長ければ長いほど後ろは遅れていく。

このスタートの時間差がそのまま続くかというとそうではない。この差はひろがる。か

ならずひろがる。ちょっと景色に目をとられたり、話に気をとられたりするだけで、前を歩くひとととの差が二メートル、三メートルなど、あっという間にひろがる。おまけに交通信号があったりする。先頭は自分のタイミングで渡る。後ろはそうはいかない。列が長ければ何度か信号待ちをする。いよいよ差がつく。

信号の青はいつまでも青ではない。できればクラスの列を切りたくないから走る。

「青のうちに渡るぞ！　ダッシュ！」

最後尾がいちばん走らされる。でなければ前の列が小さくなっていくのを、赤信号と見比べて待ち、青になってから、

「追いつくぞ！　ダッシュ！」

ということになる。

この〈ダッシュ〉は信号がなくてもやらねばならない。だらだら歩いていると後ろのほうでは、ひとりとひとりの間隔が何メートルにもなってくることがある。これではいけない、つめようと走る。

先頭も最後尾も結局は同じ距離を歩く。それはまちがいない。だが先頭は同じペースで

歩く。後ろはだらだら、ダッシュ、だらだら、ダッシュ、となんだか疲れるのである。山道になると、足の強くない子もいる。そういう子のやさしい友だちもいっしょにゆっくり歩いてくれる。あれこれするうちにどんどん差がひろがる。

長い距離を歩くときは途中で休憩《きゅうけい》をする。だがてきぱきするのが好きな先生が先頭の場合、これだけ休めばいいだろうと歩きはじめるのが、最後尾が到着したときだったりするのである。

列が乱れてくると、ぼくのまわりを歩いているのは、足の遅い子とその友だち、それに歩くことより何かに気をとられたり、ふざけたりするのが好きな子たちばかりになる。ぼくは、

「キョウヘイくん、もうすぐやで。」

と、はげましたり、

「アツイくん、ひとの家にはいったらあかん。」

と、注意したりしながら歩くのだ。

一本道ならまだいい。古くからある町を横切って目的地にむかうこともある。細い道に

十字路、三叉路《さんさろ》いりまじるなか、右に左に折れ曲がりながら進むことだってある。神戸市垂水区《たるみ》にある五色塚古墳《ごしきづかこふん》に行くときがそうだった。そういう道をキョウヘイくんやアツイくんたちといっしょに歩いていた。

「がんばって歩きや。前を歩いてる子が角《かど》を曲がってしもたら、どっち行ってええのんかわからんようになるから。」

「先生、もうすぐ？」

「ああ、もうすぐや。アツイくん、ひとの家の木の葉っぱ、ちぎったらあかん。」

「植木屋さん、松の木をこうしてちぎりはる。」

「それ、ちょっとちゃうと思うで。あのな、ゆうとくけど、ぼくはここの道はじめてやねん。な、下見《したみ》にきてないねん。どっちへ行くか知らんから前の子についていってるんやで。遅れたら前の子見失う。迷子《まいご》になるで。そこのとこよう考えて歩きや。」

「先生、はじめてやのに、なんでもうすぐやゆうてわかるのん？」

「アツイくん、よう気ぃつくなあ……。おいおい、そんなことゆうてる間に、前の子、おれへんやないか。」

「あ。」

「あ、やないで。えらいこっちゃないか。アツイくん、きみ、ひとつむこうの角まで走って、ようすを見てきてくれへん？」

「がってんだ。」

「先生、迷子になったん？」

と、キョウヘイくん。

「ははは、迷子や。」

「ははは、迷子か。」

「せーんせー、だーれも、いてなーい。」

「アツイくん、道のまんなかで大きい声だすなや。かっこ悪い。まるでぼくらが迷子になったみたいに聞こえるやないか。」

「先生、迷子やろ？」

と、キョウヘイくん。

「ははは、迷子や。」

「ははは、迷子か。」

「ぼくのカンでは、こっちへ行ったと思う。」

「アツイくんのカンで行こか。」

まあぼくのカンでもそっちだろうと思ったのだ。こういうことを二つ三つの角《かど》でやったあと、前の子どもたちが見えた。

「きみのカンはたいしたもんや。」

と、アツイくんに言った。ははは、などと冷静をよそおっていたが、一瞬ひやりとしたのもほんとうである。キョウヘイくんはぼくがひやりとしたのを見ぬいていた。迷子のあいだ、汗ばんだ手でぼくの手をずっとにぎりしめて、ははは、などと答えていたのだった。

最後尾では、こういう会話が楽しめる、というのが苦労の代償なのである。

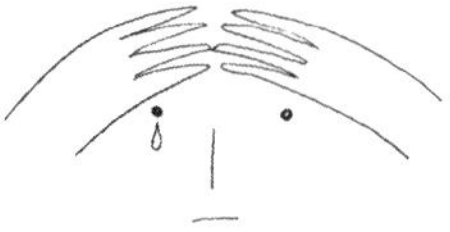

# 泣くだけが感動ではない

あるミュージカルの打ち上げで、演出家が作曲家を横目で見ながら、「ぜんぶ音楽に持っていかれちゃうんだよなあ」と冗談めかして嘆いた。

ぼくは心の中でうなずいた。図工展と音楽会のことを考えたのですね。西宮《にしのみや》市のたいていの小学校では隔年《かくねん》に図工展と音楽会をする。それぞれ二年に一度するわけだ。で、つねづね思っていたのだが、どう考えてみても音楽会のほうが感動的なのである。

いや、もちろん図工と音楽は表現の質がちがう。だから感動の質もちがう。すばらしい絵画や工芸があって、欲しい、手元に置きたいと思うことはあっても、泣かない。すばらしい出来映《できば》えの椅子を見ても、ふつう泣かない。ところが音楽は、泣きやすい。感動がわかりやすい。感動しやすい。

もっと言えば、音楽会というのは表現のいちばんいいときに立ち会う。おまけに山場《やまば》がわかる。図工展は表現のいちばんいいときは、これはどう言えばいいのか、すでに終わっているとも、固定されて続いているとも言えそうで、曖昧《あいまい》である。山場、というのがまたよくわからない。表現者の一所懸命も、音楽は比較的目に見えるが、絵画などは見る者の想像力に委《ゆだ》ねられているのだ。好意的な観客でさえ感動しにくいよね。

泣くだけが感動ではない。に、しても、音楽会の会場ではハンカチを目にあてるひとが少なからずいる。泣かせる曲ならなおさら。運動会もそう。新一年生の親なんて、もう我が子がみんなに負けじと走っているだけで泣く。抱きしめていなければ壊れてしまいそうだったあの子が、健気《けなげ》にも世界を相手に精いっぱい走っている！　思わず胸にこみあげるものがある。それはわかる。よくわかる。

図工展では泣かない。健気に描《か》いていても、泣かない。泣くだけが感動じゃないという言葉が言い訳に聞こえるくらい、泣かない。こう言っちゃナンだけど、全校習字展覧会なんてのがあれば、これも泣きにくいと思うな。あ、それから夏休み作品展。

表現の質が低いと言っているのではない。いかに感動的な作品であろうとも、涙こぼるるということにはなりにくい。ふり返ってみれば、ぼくだって音楽、演劇、文学、映画、落語では涙をこぼしたことがあるけれど（最後のは笑いすぎて）、絵画、彫刻、デザイン、工芸、書道、建築などでは、目を奪われる、いつまでも見ていたい、感心、感動ということはあっても、涙を流したことはない。また、展覧会場で泣いているひとを見たことも、ない。

まあ、そういったものだろう。これはそういうジャンルなのだ。空間的表現というのは、時間的表現とちがって、何度も感動できるが、泣きにくい。そう、泣くだけが感動ではないのである。

そう思っていたところ、いたのです。ある図工展で、泣いたお母さんが。

それは四年生のFくんのお母さんだった。四年生は「ふしぎなジャングルジム」の絵を描いていた。絵の具の色の混ぜ方を学びながら、好きな形のジャングルジムを描いていき、そこに自分を描き込む。友人とか何かを描き加えてもいい。で、それはある力を持ったジャングルジムで、今どういうことが起こっているかを詩のように書き込む。その文字もひと文字ずつ色を変えるが、かならず黒と混色する。

Ｆくんの絵は、野球のユニホーム姿で登っているところで、こんな詩が書かれていた。

やきゅうをしたときにのぼります。
まけたときにものぼります。
いちばん上にのぼると
まけたげんいんがわかります。
かったげんいんもわかります。

この作品を見ていて、お母さんは涙が出てきたと言うのだ。腕の中にいた息子が、自分の世界を持とうとしている。そこで自立しようとしている。世界にむかって立ち上がろうとしている。そう気づくと泣けてきた、と。図工展で我が子の絵を見て泣いているなんて、ひとに見られたくない。そこで、ライトがまぶしくて両手をかざしているふりをして、泣きました。とおっしゃった。

いい話だなあ、とぼくは思った。そういうふうに作品のむこうの子どもまで見てくれる親がいるということ、そういうまなざしを持つ親がいるということが、いいなあと思えたのだ。そしてあの音楽会に対して抱《いだ》いていた子どもっぽい対抗意識を思い出し、よし、図工展でも涙は流された、呪《のろ》いは解けた、よかったよかったと思ったわけである。

# 体調を崩してわかること

ある会議中に胸に違和感《いわかん》をおぼえた。胸の奥でしんと冷えるような痛みがあった。すぐになおるだろうと思いたかったが、家に帰っても感覚が続いている。言っておくがぼくは気に病むほうである。

翌日、授業を休んで病院へ行った。どうやら緊急な生命の危機はないようで、かんたんな診察だけで後日《ごじつ》の検査の日取りを決め、お医者さんは念のためにと、舌下錠《ぜっかじょう》をくれた。思ったより早く終わったのと、その日の午後にはクラブ活動があるのとで、学校に行くことにした。

体調の変化は生とか死とかの関心をひきよせ、不安のなかで世界は美しく見える。近《ちか》しいひと、学校、子どもたち、木々、図工室、準備室に、その美しさと愛を感じる。決まりきった日々の流れそのものに、いとおしさを感じるのである。

職員室ではみんなが気遣《きづか》ってくれる。どうだったの、午後もゆっくりすればいいのに、わたしの叔父にそういう病気のひとがいて手術して今は元気、きっとなんでもないよ、ぜったいだいじょうぶ……。やさしさと友情が身にしみる。

クラブ活動は演劇クラブ。油引《あぶらび》き板張《いたば》りの図工室ではなく、カーペットを敷いた部屋である。もと板張りのところにカーペットを敷いたらしく靴を入れる棚などなく、ドアの前で靴をぬぐ。

鍵をあけ、待っているとつぎつぎに子どもたちがやってくる。先生どうやったん？　などと声をかけてくれるのは、きょう授業があったはずのクラスの子である。担任の先生にぼくが休んだわけを聞いたらしい。

演劇クラブは女の子が多い。女の子が多いと、かならずちゃらちゃらした雰囲気《ふんいき》になるわけでもないが、演劇クラブにかぎってはそうなっていないというのが、ぼくのひそやかな自慢だった。けれどその日はすこしうわついた感じがあって、へんだなと思っていた。

そのつぎの日、六年生の担任のヤノさんが短い作文のコピーをくれた。毎日その日のことを書いてから帰ることになっているという。

それはぼくが、なんだかうわついているなあと思った子の作文だった。

――二時間の図工の授業がなくなって残念だった。おまけに演劇クラブも先生がいないと思っていた。その三時間が楽しみだったのに、と思ってクラブの部屋に行くと、先生の青いくつがドアの前にあった。やった！　よかった！　と思った。

ぼくが学校に行くことでよろこんでくれる子がいる。そんなことは体調を崩《くず》さなければわからないのである。

後日の検査では、なんの異常もなかった。おかしいなあ。

## 冗談から出た真《まこと》

子どもたちとよく冗談を言い合う、ほうである。

「明日《あした》の図工の用意はなんですか?」

などと職員室のぼくの席まで聞きにくる。それは先週言っておいただろうと思うが、学級担任の先生に聞いてこいと言われてきている場合もあるので、

「さあ、何《なに》やったかな、ゆうてみ。」

と、やさしく答えてやる。

「彫刻刀と絵の具、やったと思います。」

「うん、そやな。それから彫刻刀で指切り落としたときのために、糸と針も持ってき。」

とか、包帯《ほうたい》と松葉杖《まつばづえ》とか言ったりする。

あるとき、

「色鉛筆、それから愛と勇気。」

と言ったことがある。聞きにきた子はニヤリと笑って、

「先生、うちのクラス、勇気のほうはあるかもしれんけど、愛はないと思う。」

と受けた。津門《つと》小学校の話である。

神原《かんばら》小学校に替わって、新学期が始まり、六年生が明日の授業の用意はなんですかと聞きにきた。ぼくは津門《つと》小学校の気分をまだ身体《からだ》の中に残していたのだろう。

「筆記用具と、愛と勇気。」

と言った。

六年生は一瞬きょとんとしたが、すぐに気をとりなおし、うなずいた。

「はいっ！」

今のは冗談、と言いだせないほど真面目《まじめ》な顔で。

あとで六年の先生がぼくに言った。

「愛と勇気、何に使うんやろ、ゆうてたよ。」

愛と勇気の使い方を説明しなければならないことになってしまった。


どの学校でも、ぼくが最初にする授業は、三年生相手でも六年生相手でも、決めていた。自己紹介の授業ともいえるし、ぼくの図工宣言ともいえるかもしれない。一本の線をひいて何に見えるかという授業である。ひとと同じ答えを言わない。

「自分の思いついていた答えを言われてしまったときに、残念と思う気持ちはわかります。けれど、相談もしないで同じ答えを思いついていたという不思議に、喜びを感じること、それは愛です。自分の思いつかなかった答えを誰かが答えたとき、あのひとよく思いついたな、すごいな、と思えるのは愛です。今まで思いつかなかった答えを自分が思いついたとき、わたしもやるな、ぼくもやるな、そう感じるのは自分への愛です。」

と、説明した。勇気のほうは、

「たとえば絵をかくとき、いつも正面を向いている人間をかいていたけれど、きょうは横を向いている人間をかこう――そう思えるのが図工の勇気です。一本の線を見て何に見えるか、もう答えなんて思いつかない。そういうときに、いやもっとちがう見方があるかもしれない――そう思えるのは勇気です。いつもの自分より、もう一歩、踏み出せるのが、勇気です。」

と、言った。言いながら自分でも、まことにそのとおりだなと思った。

いったん言ってしまうといろんな場面で「愛と勇気」は使える言葉だった。神原小学校では、毎週、「愛と勇気」を持ってきてもらうことにした。

冗談にできた津門小の子も、真面目に受けとめた神原小の子も、ぼくは好きである。

真面目に受けとめた神原小の子、といえばこんなこともあった。これも神原小に移って間もない頃のことである。

その日の課題が早く終わってしまった。画用紙が乾《かわ》かないとつぎの作業に進めない。あとかたづけも終わった。でもあと五分ある。ぼくは早めに休み時間にしてあげようと思って、これで終わります、と言った。みんなも立って挨拶《あいさつ》した。だのに図工室を出ていかず、もういちど着席するのだ。

どうして遊びにいかないのか尋ねた。すると、まだチャイムが鳴っていないから、ほかのクラスは勉強をしている。わたしたちが廊下を歩くと気が散るので、こうしてチャイムが鳴るのを待っているのだ。と、当然のことのように答えた。

ぼくは感心してしまった。と同時に、悪いことをしたのかなと思った。この子たちの五分間を、ただ座ってじっとさせることで費《つい》やしてしまうのだ。それやこれやの気分をふりはらうように冗談を言った。

「そしたら、ギター弾いて、歌、うとたろか。」

ついこのあいだまでいた津門小なら、これはギャグである。即座に子どもたちから、このギャグを成立させるツッコミが返ってくる。

「それだけはやめてほしい」とか。

「わあ、脳みそ、くさる」とか。

で、なごやかな雰囲気《ふんいき》のあいだに、あと四分何をするか考えればよい。

ところが神原小の子どもたちは、にっこり笑って拍手をしたのである。ボケたのを真面目に受けとめられれば、冗談を真実にしなければならぬという心理が、ここでも働いた。ぼくは準備室からギターをとってきて、新沢としひこさんと中川ひろたかさんが作った歌をひとつふたつうたうことになった。

冗談にできた津門小の子も、真面目に受けとめた神原小の子も、ぼくは好きである。

冗談めかして言った言葉が、変に受けとられていないか、あとで心配になるということもある。

その子の名前を仮《かり》にヤマダくんとしておく。ヤマダくんは勉強はよくできる。らしい。でも、ひとをひっかけるような話、傷つけてしまうような冗談を言ってしまうところがあり、どことなくまわりを馬鹿にしているように思われていた。ようだ。――らしいとか、ようだとかは、まわりの子がそう言っている、という意味である。図工は彼は好きだった。積極的にとりくむ。そしておもしろい作品をつくった。

絵をかいていたときのことだ。ヤマダくんはある技法を思いついた。そしてそれを試《こころ》みてもいいですかと、尋ねてきた。もちろん、いい、と答えた。そこへ別の女の子がやってきた。そしてまったく同じ質問をした。ヤマダくんが、それはしてもいい、と答えた。すると女の子が冷たく言った。

「わたしはヤマダに聞いてない。先生に聞いてんねん。」

きっとそれまでに、その子とヤマダくんとのあいだに、彼女に冷たく言わせる何かがあったのだろうけれど、その場にかぎっていうなら、ぼくはそんな言われ方をしたヤマダくんが気の毒になり、すこし冗談めかして、

「ヤマダがいいと言ってるんだから、いいんじゃないか。」

と、言った。女の子はまゆをあげた。

「先生、ヤマダの言うこと、信じるの？」

ぼくは即座に答えた。

「ぼくは、ヤマダの言うことを信じるのが仕事やねん。」

ふたりが席にもどったあとで、心配になった。反射的にギャグのように口にしたけれど、ヤマダくんはそれをひねって受けとらないか。つまり、先生という仕事をしているから信じるのであって、仕事でなければ信じない、と受けとるのではないか、と思ったのだ。

気を揉《も》んでいると、ぼくのまわりに誰もいないときにヤマダくんがやってきて、そっと言った。

「先生が作家してるのん、わかるような気がするわ。」

うれしそうな顔でそう言って、すっともどっていった。これが言いたかった、という感じで。ぼくはほっとした。その言葉の真意《しんい》を本人に確かめることはしなかったけれど、好意的な面で受けとめてくれたようだった。ぼくのひと言がうれしかったようだが、それがわかる彼のひと言が、ぼくにはうれしかった。


ひと言で、世界が色彩をとりもどす、といえば、こんなことがあった。

ぼくがいつもにこにこしていたかというと、もちろんそんなことはない。沈んでしまうこともあった。

子どもたちはいろんな事情と生活を背負って生きている。そこで負った傷が、ほかの子への不愉快な言葉や行動になって表れることもある。

ぼくには見えないところでの言葉や行動を、なんとかしてほしいと訴えられて、はじめて知ることがある。傷つけた子の不幸、傷つけられた子の不幸、その子たちのことを知らなかったぼくの無力、ぼくが働きかけていたはずのあれこれの無力。もちろんぼくはなんとかしなければならない。訴えてきた子どもにも、なんとかする、まかせなさいと言う。けれどもまずは暗く重い気分になる。

そういう気分で掃除をしていた。いつもなら子どもたちと同じ場所で同じことをする。けれどそのときはすこし離れたところで掃除をしていた。するとサメジマくんが寄ってきた。

「先生、きげん悪いのん？」

なぜそんなことを尋ねるのかと逆に聞き返すと、みんなとちがうところを掃除しているからそう思ったと言う。ぼくは、

「悲しいことがあってなあ。」

と、答えた。みんなといっしょに掃除をしていると、つまらないことで叱《しか》ったりしてしまいそうで……と。サメジマくんは、

「ふうん。」

と言って、むこうへ行きかけ、ふり返った。

「どんな悲しいことがあったんか知らんけど、負けんと、がんばってな。」

ぼくは思わず笑顔になってしまった。意表《いひょう》をつかれたのだ。そして言い返した。

「きみのその言葉が支えや。」

サメジマくんは、にっこり笑った。

「小さい支えやけど。」

彼は小柄《こがら》なのだ。おそらくそれでからかわれることもあっただろう。けれどそれさえギャグにして励ましてくれている。

もう一度ぼくは笑顔になった。

ぼくは、その悲しいことに、きちんと立ち向かっていこう、立ち向かっていける、と思った。

## 九年前の決心

勤め先がどの小学校に替わったときも、まず図工室の整理と掃除をする。出ていくところも整理と掃除をして出ていくのだから、行ったところで整理や掃除は不要のはず……、というわけにはいかない。整理や掃除にはそれぞれの流儀《りゅうぎ》がある。そう言えば聞こえはいいが、なんじゃこれは、夜逃《よに》げか！　という出ていき方をする図工の先生もいる。らしい。

図工室がかたづくと図工準備室にかかる。といっても、一日中そんなことをやっていられない。年度初めの仕事がある。計画を立て、会議を重《かさ》ねる。そうこうするうちに授業が始まる。その合間を縫って、と言いたいけれど合間がない。その日の仕事を終わって少しずつ、というふうにかたづけていく。

部屋の一角から、戸棚のひとつひとつ、引き出しのひとつひとつ、箱のひとつひとつ、そこにあるものをまず調べていく。なかには「なんでこんなモンが」というものもある。けれど捨てないのが図工の先生である。使いみちを探《さぐ》ってしまう。曲がって錆《さ》びた釘《くぎ》がぎっしりつまったブリキ缶さえ、何かの重《おも》しにでも使おう、いや絵のモデルになるかもなどと思ってしまうのだ。

写真が出てきたのはそういうときである。津門小《つとしょう》の図工準備室の戸棚のすみから、小さな写真が何枚か出てきた。そこに写っていたのは、ツジイさんの若き日の姿である。その時代のツジイさんとお会いしたことはないが、五十代の先生とは面識《めんしき》があり、想像がついた。ツジイさんは図工の先生で、すでに定年をむかえ退職しておられた。

「奥池」と看板のある湖を背に、黒いコートの青年、ツジイさんがカメラのレンズを見て立っている。笑ってはいないが若々しい表情はゆったりとくつろいで、青年の自信といったものが感じられる。あと、同じサイズで中学生の男の子たちが、卓球部《たっきゅうぶ》のユニホーム姿で体育館の前に並んでいるのが何枚かあった。ツジイさんは以前津門小の図工の先生をしておられたから、そのときに置き忘れた写真であろう。中学校に勤めた時代もおありだったのだろう。そのときに卓球部の顧問をしておられたにちがいない。そういえば市内の卓球大会（教職員が集まってそういうことをしていたのだ）で勇姿《ゆうし》をお見かけしたような気もする。一本のフィルムにいくつかの行事を撮《と》り重《かさ》ね、そのなかに図工室で参考にする何枚かがあり、いっしょに持ってきてそのままになってしまったのではあるまいか。そんなふうに思った。

いずれにしても写真はツジイさんのものであり、機会を見つけてお届けしなくてはなるまい。そう心を決めて、その写真はとりあえず、図工準備室の入り口の横にある棚の上、箱に入れておくことにした。中の見える透明なプラスチック製の箱である。しまいこむと忘れてしまいそうな気がしたからだ。そして「とりあえず」は九年続いた。

もちろん、ときどきは何とかしなければと思った。だがそのたびにさしあたってしなければならぬことがあり、あとまわしにされるのが写真のほうだった。言い訳のように、とりかからぬ理由を考えてみることもあった。これは不必要だから残したのではないか。もしかすると家人《かじん》に見せたくない写真だったのではないか。(そんなわけないよなあ。)とりあえずの九年間、青年のツジイさんは箱の中から、ゆったりとくつろいでぼくを見上げていたのである。阪神・淡路大震災にも動《どう》じることなく。

なぜ九年かというと、九年たって津門小学校を出ることになったからだ。図工室と準備室を整理することになった。入り口の横の棚もだ。九年間の仕打ちを考えれば常識的にはそれは捨てるチャンスだったかもしれない。だが捨てなかった。九年間あとまわしにしてきたけれど、同時に九年間保管してもきたのだ。ここで捨てると、九年間のある部分を否定することに、というほど大げさに考えたわけではないが、ぼくは箱を段ボール箱におさめた。

つぎに行った神原《かんばら》小学校でその段ボール箱を開けたのは、もう六月になってからである。こんどは机の上に置いた。出入り口の横に棚がなかったわけではない。目の前に置いてプレッシャーをかけたのだ。自分に。そしてプレッシャーが勝った。何年も前の教職員の住所録で住所を調べた。引っ越しておられなければよいがと願いつつ、九年間の不義理を詫《わ》びる手紙を添えて、封筒に写真を入れた。

数日後、一枚のはがきが届いた。

懐《なつ》かしい写真と出会えてうれしい。四十年も前のもので、どこへやったのだろうと思っていた。九年間保存してくれて感激している——。

そういう文面の礼状だった。

決心したことは、早く実行するに越したことはないが、遅くても実行するほうがよい、というのが教訓である。

## 中庭と保健室と

五校め、神原《かんばら》小学校――。

ゆるやかなスロープを上《のぼ》ると、校舎と体育館に囲まれた中庭に出る。この中庭に面して図工室と図工準備室があった。最初に見たときは、意外な感じがした。ほかの学校では、図工室は片すみ、はずれたところにあったからだ。学校のまんなかとは晴れがましい……。

図工室でも図工準備室でも、戸を開けて外を見ると、季節の花が見えた。中庭の中央には池がある。鯉《こい》や金魚が泳いでいる。時としてそれを狙《ねら》うアオサギが池の縁《ふち》にとまっている。だが無理である。池にはネットがかかっている。中庭のまわりにはウサギ小屋、温室

があるが、いちばん目につくのは、中庭に張りだした階段だろう。階段の壁全面がツタに覆《おお》われているのだ。風が吹くと緑が波になる。子どもたちはネコ階段と呼んでいた。上部にとがったところがふたつあって、ネコの耳に見えるらしい。

中庭を囲む校舎は、二階三階はバルコニー風の廊下、一階はその手すりがない形である。休み時間になると多くの子どもたちが中庭を通って運動場へ行く。バルコニーやツタの階段から図工の先生の名を呼び、手をふる子もいる。

図工室、図工準備室、そのとなりが保健室だった。保健室の先生、つまり養護の先生は段上《だんじょう》小学校でもいっしょの、スミさんだった。

何年も勤めていると、新しい学校で、以前の同僚とふたたび机を並べることがある。神原小学校には上甲子園《かみこうしえん》小学校で文字通り机を並べたタカダさんもいた。そういうひとたちがいると心強い。どこか気持ちのうえで安心できる。

スミさんは、神原小学校では、ぼくの「保護者」だった。最初の日から昼食の心配をしてくれた。どこへ行く？　何を食べたい？　昼食の心配はぼくが退職するまで続いた。給食のない日で、スミさんが出張などして不在《ふざい》のときがある。そんな日はタカダさんがさそってくれた。スミさんがタカダさんに、自分がいないから声をかけてやってくれと、頼んでいたらしい。

実を言うと、スミさんはほかの多くのひとにとっても保護者だった。子どもたち、その母親たち、教職員、はては転校していった子やその母親にいたるまで、健康の悩みは言うまでもなく、心の悩みにも親身《しんみ》につき合っていた。

ぽかっと、忙中閑《ぼうちゅうかん》ありというときがある。三、四時間目は五年一組なのに教室で何かあったのか、チャイムが鳴っても図工室にこないなあ、というとき。保健室は保健室で、体重測定が思いのほか早く終わって、まだつぎのクラスがこないとき。そういうときは、スミさんもぼくも、部屋の前の通路に出て中庭の花や階段のツタを眺めた。花壇の花も目を楽しませるが、芝生《しばふ》とも雑草園《ざっそうえん》ともつかぬあたりに、ヘビイチゴなど赤い実を揺らせているのを見ると、平和な気分になるのである。

保健室が図工室のとなりというのは、実用的にもありがたかった。刃物《はもの》を使うことが多いからである。こういうふうに使うとけががをしない、ひとにけがをさせない、こんな使い方でけががをする、させることもある、けがをするとこうなって、こんなに痛いことになる、前にこんなことがあった、こういうこともあった……。口を酸《す》っぱくして言うのだが、今年の四年生の木版画では、ひとりも彫刻刀でけがをしませんでした、ということは、まずない。

けがをすると、傷口を押さえさせて保健室へ行く。これがとなりである。こんなに恵まれた図工室があるだろうか。ぼくは保健室の戸を開け、スミさんにほがらかに声をかけるのである。

「ヤッホー。」

あるとき、スミさんに言われた。

「オカダさん、けがした子、連れてくるとき、ヤッホーゆうやろ。あれ、必要以上にびびってる子の気持ちを楽《らく》にさせるから、ええな。」

途中までは叱《しか》られるかと思ったぜ。

## 自信がない

自分が鍵をかけることに自信がない。ほんとうにかかっているのかどうか、がちゃがちゃと確かめる。

だれかといっしょに帰ることになり、そのだれかが図工準備室までむかえにきてくれたときなど、

「その鍵、それが原因で、つぶれるんとちゃうか。」

などと言われる。どの小学校にも、ひとりかふたり、これを言うひとがいた。こちらとしては、ひとが見ているからと、五回は確かめたいところを二回でがまんしているのに、そ

う言うのである。

あまりいつもそんなことをしていると、おかしなやつ、と思われるかもしれんと（すでにおかしなやつなのだが）、確かめずにいっしょに帰ると見せかけたことも一度あった。「あ、忘れ物」などと言ってひとりもどり、がちゃがちゃしたのである。これには、そこまでするかと自分であきれた。

ぼくは車を運転しないので、だれかが車に乗せてくれることもよくあった。当時の車のドアは電波でロックされたりしないから、車から降りる前に自分でボタンを押し下げておいてドアを閉める。すると、ロックされる、はずである。つい、これでかかっているかと、がちゃがちゃする。こわれるから止《よ》すように、と言われる。これでこわれるようなら役に立たんぞ、とぼくは心の中でつぶやく。

自分のなかでも波がある。一度確かめれば気が済むときもあれば、何度も確かめたくなるときもある。だれも見ていないときはこころおきなくできる。がちゃがちゃと確かめたあと、鍵を指差し、「かかってる」と心の中でつぶやき、もう一度がちゃがちゃと確かめ、さらに心の中で力をいれて、「かかってる！」と指差し確認をしたりすることもあった。

もしも鍵をかけたあと、

「その鍵はかかっているのか？　いないのか？」

とだれかにたずねられたら、ためらわずに、

「もちろんかかっている。ぼくがいまかけたのだから。」

と答えるだろう。でも確かめたいのだ。長い休みの前など、その不在《ふざい》の期間に比例して確かめたい気分が増す。

　こんなひとならまずまちがえることなどないだろうと思われるとつらい。うっかりすることがときどきあるのだ。陶芸窯《とうげいがま》の火をつけたまま帰って、警備員のひとから電話がかかってきたこともある。いや、あの焼き物はよく焼けた。

　そういうことがあるから、確かめたくなる。で、確かめるときはかならずきちんと火が消えていたり、鍵がかかっていたりするのだ。

　しかしまあ、この程度の症状なら、同じ病《やまい》をもつひとと出会うのは楽しい。

　ぼくはある時期まで煙草を吸っていた。図工準備室でもなにか考えるときなど、吸うことがあった。それが許される時代だったのだ。でも、準備室を出る二、三十分前からは吸

わないようにしていた。それを聞いたある友人はこう言った。

「ぼくはそんな心配をしなくてもいいように工夫《くふう》をしてあるねんで。」

「どんな?」

「灰皿をふたつ用意するねん。いっぽうの灰皿には水を満たしておく。かわいたほうの灰皿で煙草を吸って、消す段になると水のほうでジュッと消す。これで完全に消える。もみ消すだけでは納得《なっとく》でけへんもんな。」

ぼくはいま煙草を吸わないので、この苦悩からは解放されている。

別の友人の話。

「準備室を出る十分前にはストーブの火を消すねん。」

とぼくが言うと、その友人は当然ですよとうなずいた。

「ぼく、木造のアパートに住んでるんですけどね、部屋から出る前にコタツのスイッチを切るでしょ。」

「そら、切るわな。」

「それだけでは不安やから、コンセントからプラグを抜くんですわ。」

「あ、それ、ぼくもやる。」

「ぼく、それではまだ安心でけんのです。そのあたりにプラグを置いといたら、なにかの拍子《ひょうし》にひゅっとプラグが差し込み口にはいることがあるような気がして、できるだけコンセントから遠くへ置くんですわ。」

だそうである。

どうです？　聞いただけでも気が晴れるでしょう？

学校をやめたあと、閉めるのは自宅の鍵ぐらいになった。それほど何度も確かめない。

とはいえ、昔をしのんで一度は確かめるのであるが。

# ビー玉のジェットコースター

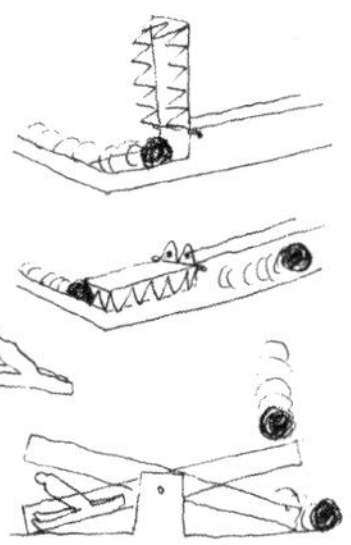

この教材はすてきだ、ぜひ子どもたちに出会わせたい――そう思う教材は、毎年同じ学年で実施する。ビー玉のジェットコースターがそのひとつである。

いちばん初めにそれを思いついたのは、先生になって六年め、一九七四年度のことだから、三十三年間にわたり、つき合ってきた。

原理は簡単。紙で作ったコースにビー玉を転がす。コースは手で支えない。構造的に自立していなければならない。手を使うのはビー玉をスタートさせるときだけ。ビー玉は、ただコースを転がってゴールするもよし、途中で芸をするもよし。

最初は、夙川《しゅくがわ》小学校の四年生の三学期に実施した。六時間の授業だが、実にさまざまな作品ができあがり、四年生もぼくも、これはおもしろい、と興奮した。当時の写真を見るとアイデアの多様さに驚く。四年生ということもあって、形はまったく自由にした。大きいものを作ってもいいし、小さいものでもいい。枠《わく》を作ってからコースを作る者、コースを作ってから支える柱を作る者。枠も、直方体、六角柱、円錐形《えんすいけい》、円錐を逆にしたもの（これは内側をビー玉が通る）、枠の中にコースを糸で吊《つ》る……。

コースもアイデアがいっぱいあった。とにかく縦《たて》方向に一回転させたいと、それにすべてを賭けたもの。これは坂を駆け降りてクルリとまわるだけ。あっという間に終わるが、楽しい。玉が通ると羽根車がまわるもの。玉がのれんを押し分けて通るもの、らせん型、じょうご型……。

出色《しゅっしょく》は、ワニだった。ふたつの入り口からビー玉をそれぞれ出発させる。合流するところにワニが口を開けて待ちかまえている。先に通ったビー玉がワニの喉《のど》を通過するときに、喉についた紙を押すことで、ワニが口を閉じてしまう。遅れてきたビー玉は通れない。よくこんなものを作ったものだ。作者は、アーサー・ランサムのナカガワくんである。

そのあと、この授業は五年生ですることにした。五年生でするからには、という感じでバージョン・アップした。積み重ねられるようにしたのである。全員同じ大きさの直方体の枠を作り、どこかの角《かど》からスタートして、どこかの角をゴールにする。それを積み重ねると、上の段のゴールが下の段のスタートにつながるので、二階建て、三階建てにして遊べる。時間と熱意に余裕がある子は、ひとりで二つ、三つと作ってもよい。

子どもたちには、自分流のとりくみをしなさいと言った。紙を美しく正確に折ったり切ったりすることで勝負する、ビー玉の流れ方のアイデアで勝負する、コースの量で勝負する（スタートは、上の段とつながるものは四つまで作れる。上の段とのつながりを無視すればいくつでも作れる。コースの途中で分かれることも合流することもできる。ゴールも、スタートと同様に多く作れる）、紙やそれ以外のものでコースを作るアイデアで勝負する、装飾で勝負する……。勝負といっても勝ちや負けではないのだが、一所懸命にやって、結果的にはひととちがう自分独特の作品、と思えればいいのである。

ビー玉の流れ方のアイデアは、実にいろいろなものを考え出してくれた。ふたつ紹介する。

玉が途中でポトンと落ちる。落ちた下にはシーソー状のものがある。ほら、サーカスでひとがジャンプするときに使う形。玉がはねあげるのは小さな人形。紙で作った高さ一センチくらいの人形は、スキーのジャンプ選手の形をしている。これがはねあがって着地するところに、百メートルとか九十メートルとか書いてある。人形をとばしたビー玉は何食わぬ顔でコースを進む。札幌で冬季オリンピックが開かれた頃の作品である。

これはおそらく、シーソーの形は頭の中で考えられている。紙の人形は、シーソーを作ったあと、遊んでいて思いついたのだろうが、シーソーについては初めからイメージがあったと思う。つぎの例は、初めはイメージがなかった、というよりも失敗だった、という場合。

コースを長くしたい、すぐに終わらせたくない、と思えば、すこしずつ下がっていくコースを作ることになる。すると、ちょっと手元《てもと》が狂うと玉が止まってしまう。紙を接着したときは流れても、つぎの週に紙が乾《かわ》いて反《そ》るということもある。そんなとき、たいていの子はコースを切り落として作りなおす。けれど彼は、遊び半分にもうひとつビー玉を走らせてみた。ビー玉は前に止まっていたビー玉のところでつかえて止まった。もうひとつ走らせた。三つつかえて並んで止まった。四つめのビー玉を流してみた。カチンとぶつかると、なんとひとつめが押し出されて進みだしたのである。彼はその部分に覆《おお》いをつけ、トンネルにした。

赤いビー玉がスタートする。途中にトンネルがある。そこにはいると、カチンと音がして、まったく同じスピードで青いビー玉に変身して出てくるのである。これには全員びっくりした。彼の机を囲んで大きな拍手が起こった。

この話はつぎの年から毎年紹介した話である。失敗というのは、もしかすると誰も思いつかなかったアイデアの第一歩かもしれない。失敗を利用できないか考えてみる。それはけっして無駄なことではない。そう説明したあとで図工の先生は、人生も、とつけ加えるのである。

## セイちゃんとキョウちゃん

——個体発生は系統発生をくり返す。

というのは、動物学者にして思想家のヘッケルの言葉である。

系統発生は、動物が地球上に発生してから、いま存在している形にいたるまでの道筋。ほら、理科の本で、何本にも枝分かれした樹のシルエットの図を見たでしょう？　枝の先にヒトとかライオンとかミミズとかの絵がある。系統樹。

ヒトの場合を樹の根っこのところからたどってみると、まず単細胞の生物と袂《たもと》を分かつ。彼らはアメーバとかゾウリムシのほうへ行ってしまう。われわれはつぎに背骨のない連中

と分かれる。そして、魚類、爬虫類《はちゅうるい》と分かれ、哺乳類《ほにゅうるい》の先祖の形を経て、ついこのあいだゴリラ、チンパンジーになる連中と分かれて、ヒトになったのである。これが系統発生。それに対して個体発生というのは、ヒトの場合なら、ひとつの生命が卵子からヒトの形になるまでの道筋。それが系統発生をくり返す、なぞるというのだ。

つまり、卵子というのはひとつの細胞である。単細胞。大昔の生命の始まりの形ですね、いわば。それが受精して、だんだんと複雑な形になり、背骨ができ、胎児《たいじ》と呼ばれるものになる。魚のような形から、爬虫類のような形になり、やがてヒトらしい形になるが、われわれにはそれがヒトの胎児かチンパンジーの胎児か見分けがつかない。そして、ヒトの形になり、生まれる。

それって、系統発生をなぞっているみたいじゃないか。そういう考え方だったと思う。あのう、これはかなり若い頃というか幼い頃に、科学雑誌かなにかで得た知識なので、まあ、大意《たいい》がそうだった、と受けとめてください。あまりにも印象的な説だったので、覚えているのである。

で、ぼくは、ヘッケルのパクリのようだけど、個人の文化史というか世界観というか、まあ世の中の理解のしかた、ですね。ここでは文化史といっておこう。それは、人類の文化史をくり返す、なぞる、と思うのだ。

人類は言語を獲得するまでは抽象的な思考はできなかったから、今、ここ、の感覚がすべてである。生まれたての赤ちゃんって、そうなんじゃなかろうか。やがて感情が共有できて、快・不快がやりとりでき、ついに言語を手にいれる。

原始宗教、宗教のはじめの一歩に、アニミズムというのがある。すべての事物《じぶつ》に霊が宿っているという感覚である。小さい子が机を乱暴に扱ったとき、まわりのおとなはこういうことを言う。

――机さん、泣いてるよ。机さんにあやまりなさい。

するとあやまるのだ。アニミズムでしょ。

そういうふうに人類の文化史をなぞって、ひとりの子どもは自分の文化観をつくっていくと考えたのである。

で、人類はさまざまなジャンルの文化を創《つく》りあげた。子どもは小学校にいくまでに、いろんな文化を断片的に学んでいたり、いなかったりする。たとえば、話す、聞く、書く、描く、走る、投げる、歌う……、それらは全《すべ》て文化である。そういったことを、もういちどきちんと系統的に学んでいくのが、小学校だと思うのである。

とすれば、小学校で図工は何をすればいいか。それを考えるには、人類は絵を描いたりものをつくったりすることを、どういうふうに獲得したかを考えればいいことになる。そしてそれをなぞればいいではないか。

絵を例にとってみよう。人類はどういうふうに絵を手にいれたのか。

昔、中学校でだったか、美術の歴史で、ラスコーとかアルタミラとかの壁画を見せられ、人類の最初の絵は、狩りの獲物がたくさんとれるように、呪術《じゅじゅつ》のために描かれた、というように聞いた気がする。が、それは聞き間違いだったにちがいない。ちょっと考えればわかる。

だって、あなた、まだ絵というものを知らないヒトが、獲物をとるまじないをしよう、どうすればいいか、そうだ壁に獲物の絵を描こう、などと思いつける？　これは断言できる。まじないに使う前に、ヒトは、いま本当はここにないものの形を、それを示すものとして平面に表せること、つまり絵を描けると知っていたのだ。

もっとリアルに考えると、壁に描く前に土に、泥に描いていたにちがいない。だって描きやすい。はじめはまだ絵ではなかった。犬が地面をひっかき、ネコが柱でツメをとぐような、単なる動作の痕跡《こんせき》だった。

痕跡が残せる！　泥の上の足跡なら、ただ残ってしまうだけだ。そうではなく、残そうと思って線をひくと残せるのだ。それはある種のヒトには、オモロイナアということだったにちがいない。

――またセイちゃんてば、枝で土に線ひいてる。

みたいな場面が目に浮かぶでしょう？

人類の文化史と個人の文化史のことをまだ忘れていないひとは、幼い子にクレヨンと画用紙を渡すと、なぐりがき、手の運動の痕跡の線の絵（？）を描くのを想起されたかもしれない。幼い子はあるとき決定的な一歩を踏みだす。線に意味を見つけるのである。

言葉の獲得にも同じ一歩があっただろう。今、ここ、の感情表現だった音声が、今でない、ここでない、の何かを表現でき、伝えられることの発見！

その頃の関西人の場合。

まだ、今、ここ、の言葉しかもっていないヒトたちが集まって、獲物の肉を食べていた。

ヒトビトは満足の気持ちを表す音声を発していた。

「エエモノ、エエモノ。」

しあわせな日ばかりは続かない。ぱたりと獲物がとれなくなった。空《す》き腹《ばら》をかかえて、ひとりが、あの満足の場面を思い出している。すると思わず、あのときの声がでた。

「エエモノ、エエモノ。」

となりがそれを聞いた。それを聞くと、あの満足の場面が思い出された。そうだ、もういちどああいう場面に出会いたい。彼もつぶやく。

「エエモノ、エエモノ。」

ヒトビトは顔を見あわせ、音声によって、今、ここ、にないものを思える不思議に驚き、畏《おそ》れながら、それを現実に呼び寄せるように、うなずきあいつぶやくのだった。

「エエモノ、エエモノ、エエモノ……エモノ。」

ばんざい！　獲物という言葉の成立である。

まあ、このとおりではないだろうが、そういうようなことが、あったと思うのだ。同じことが絵の世界でも起こった。

幼い子が線に意味を見つけるのは、線が閉じたとき、いびつながらも丸い形が描けたとき、といわれている。線の内と外がちがうように思える。ここ、と、ここでないところ。現代の子どもはたいてい、まわりのおとながここで刺激を与える。この丸いのなあに？　尋ねられて、これ、あーちゃん、などと答えて一歩を踏みだす。

昔のヒトにもそういうことがあったと想像できる。あるとき、セイちゃんは、丸を描くのである。丸の内と外がちがう世界のように思えて心をひかれる。何度も丸を描く。あるとき、我ながらほれぼれするような円が描けてしまう。はっとする。自然界で完全な円に見えるもの、太陽を思い出したのだ。

いや、知りませんよ、ぼくは。太陽でないかもしれない。

――セイちゃん、また線ひいてるの。これでも食べたら？

ぽいと投げてくれた三つのクリの実が、絶妙の場所に落ちる。どう見ても目と口！

――わあ、キョウちゃんそっくり！

本当に知らないのだけれど、とにかくひいた線がキョウちゃんのようだと思える（キョウちゃんのようだ、ではなく、キョウちゃんだ、かもしれないが）決定的な一瞬があったにちがいないのだ。

それまでそういう体験がないヒトには、魔法のように思えただろう。似顔絵など描かれたら、生命を吸い取られる気分になったかもしれない。そういう気分は、絵をまじないに使うことに結びつきやすかっただろう。

だが、セイちゃんは興奮したと思う。自分の手で、光と暖かさの恵みの太陽を、あるいはひそかに心を寄せていたキョウちゃんを、描きだすことができるのだ。もっとも、キョウちゃんのほうは生命を吸い取ってはいけないのであれ以来描いていないが。

物語の伏線としてはへたなところで打ち明けるが、実はセイちゃんは足が不自由だったりする。まあ、だからこそ地面に線などひいていたのですね。活発に動きにくい。狩りなどするときは見張りをする。岩かげにじっと隠れて鹿《しか》がどちらへ行くか見ていて、仲間に知らせる。つまり見ることの専門家である。鹿の形は目に焼きついている。

あるときセイちゃんが洞窟《どうくつ》にはいる。松明《たいまつ》の炎が揺れ、岩の凹凸《おうとつ》に影が揺れる。ある岩のふくらみが、ちょうど鹿の背から腹にかけた形にそっくりだ。セイちゃんは落ちていた松明の残りの木片をとって、その炭で鹿の絵を描く。炎が揺れると息づいているようである。獲物がとれることを願う儀式に使おうと長老が言う。けれどセイちゃんは何に使われようと、自分の手から鹿がうまれることの興奮に我を忘れている。

それを見守るキョウちゃんも心を奪われる。

——どうしてセイちゃんはこんなことができるんだろ。セイちゃん、すごい！

そのあとキョウちゃんとセイちゃんがどうなるか気になるところだが、本題には関係ない。問題は、セイちゃんが、描くこと、描けることに、わくわくどきどきした、ということである。そしてキョウちゃんはそのすてきさを感じとり、セイちゃんを認めたことである。

お待たせしました。ここで小学校における絵画の課題がはっきりした。

わくわくどきどきしながら、

①　絵をかくことが好きになること

②　ぼくはやったぞ、と思えること

③　あの子やるなあ、と思えること

この三つなのである。

## 縄文人たち

縄文《じょうもん》土器、というものがある。我が国でつくられた最初の焼き物。それがあまりに印象的なので、縄文時代と呼ばれるほどである。

粘土で器の形をつくり、それに縄目《なわめ》模様が押しつけられている。それを焼成する。いったいなぜ縄の模様をつけたのか。それについては、ぼくは答えを知っている。いや、本で読んだのでもないし、聞いたのでもない。見てきたのではさらにない。想像できる、というのである。

一作めについては、縄の模様は、つけたのではない。ついたのである。ワトソンくん、

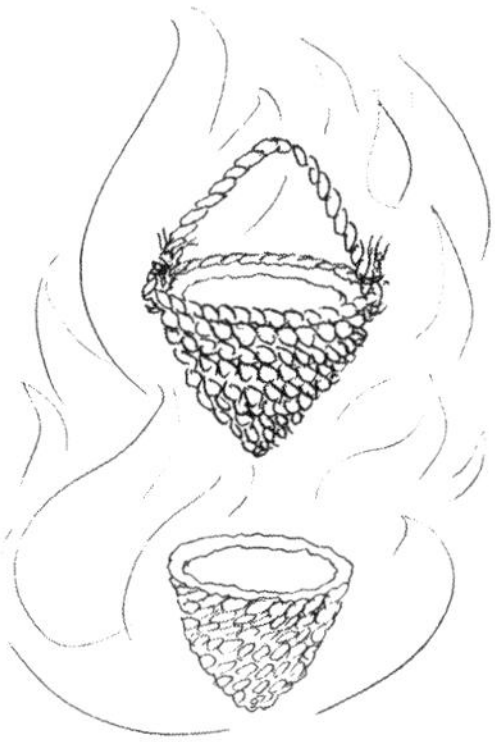

考えてもみたまえ。どこの誰が、まだ土器がないときに、模様をつけた土器を考案すると
いうのだね。
　古代人は、ものを入れる容器に、まず最初は天然の窪《くぼ》みを使ったにちがいない。手とか貝。つぎに自作のものを使った。おそらく大きな葉をそういう形にしたもの、そして丸い実《み》を割ったもの。やがて虫や鳥の真似《まね》をして、籠《かご》のようなものを編んだと思うよ。けれど、ほら、それでは細《こま》かいものがぽろぽろと落ちるだろ。そこで籠の内側に泥を塗ったな。ていねいに厚く塗って乾《かわ》くとけっこう固いものになる。それがある日、火事だよ。でなければ大きな焚《た》き火《び》にそれが落ちた。するとまわりの籠は燃えてなくなる。で、焼き上がったじょうぶな容器が、まわりに縄目をつけてできあがっていたというわけさ。こりゃいいっていうんで、同じ方法で土器をつくった。縄目がついているのがあたりまえ、という感覚だったんだね。で、後《のち》には縄目を押しつけて模様をつけるようになった。
　ああ、ワトソンくん。学者たちがどう言っているかは知らないので、そこんとこ、よろしく。

とにかく、土でつくったものが焼くと固くなるということは、大発見であった。すごいな、という感覚、それを小学生にも体験させてやるべきである。

ぼくが図工の先生をした五つの小学校には、しあわせなことに、すべて陶芸室があった。スレートやブロックで囲まれた小屋は、たいてい敷地のはずれにある。中に一メートル立方ほどのガス陶芸窯《とうげいがま》がある。しあわせなことに、と書いたのは、ない学校があるのだ。今なら、ない学校のほうが多いかもしれない。予算の関係で。

ぼくは高学年で土鈴をつくった。「来週はドレイをつくります。働け！　ピシピシ！の奴隷ではありません」というギャグを毎年くり返していた。

授業中に「しずかにしましょう」「集中して取り組もう」などと言ったり、集中しなければならない仕組みを考えたりしないのに、教室が静まりかえる、というのを最初に体験したのは、この土鈴づくりだった。

素焼《すや》き用の粘土を用意する。お椀《わん》の形をふたつつくる。小さな玉を新聞紙でくるんだものを中に入れ、ふたつのお椀を、どべ（粘土を水で溶いたもの）で接着する。この粘土の球に模様や凹凸をつけ、最後に口を細く切り取り、新聞紙が見えるようにしておく。

まずぼくがやって見せる。そしてみんながつくりだす。すると静寂がやってくる。粘土自身が持つ魅力が、子どもたちを持っていってしまうのだ。

この静けさに耐えられない子が、時代が過ぎると出てきた。ギャグを言って静寂を破りたくなるのだ。自然発生的な静けさを、ぼくはなるべく長く体験させたかったから、その兆候があらわれると、機先《きせん》を制した小声のつぶやきで静寂を支えるようにした。

――指先に、身体中《からだじゅう》の神経を集めるんだね。とか、

――本当に大事なところは、息をつめる。とか。

そうしてできあがった土鈴は一か月ほど乾《かわ》かす。そして陶芸室の窯《かま》の中に積み込み、焼くのである。朝、学校に行ってすぐに火を点け、子どもたちが帰る頃、最高の温度になるように、ガスの圧力、ダンパー（出ていく空気の量を調節する弁）に気をつける。

学級での終わりの会が終わったあと、子どもたちに陶芸窯のところに来てもらう。そしてのぞき穴から窯の中を見せるのである。

乾いた土の鈴を運び込んだとき、そこがどれぐらい暗いところか、子どもたちは知っている。それが、ガスの炎で暖められた空気の中で、八百度ほどの高温になり、土が発光《はっこう》し

ているのを見る。白っぽいオレンジ色に輝いている。土鈴に開けられた口の中、本来そこは暗いところのはずなのに、口の中のほうが明るい。発光する土の明るさが、内側に閉じこめられるせいだ。

順番に入れ替わってのぞく。目にしたとたんに、ため息や低い声を洩《も》らす。あのやわらかかった土が、あの乾いてもろそうだった土が、その形のまま輝いているのだ。

翌朝、まだ暖かい作品を、子どもたちは返してもらう。中の新聞紙は白い灰になっている。振ると口から灰が出て、コロコロと音が出る。

土鈴自体は、もっと学年が低くてもつくれるだろう。けれど、土が変化していく感動は、ある程度理屈《りくつ》がわかった年齢のほうが、むしろ意味深いように思えて、高学年を選んだ。

こんなにすてきな体験をできるのも、学校に陶芸窯があるおかげだ。土鈴をつくるだけなら、業者に頼めば、持ち帰って、焼いて持ってきてくれる。それを経済的で効率的というひとは、不幸である。

ごくまれに、せっかく学校に陶芸窯があるのに、業者に出すという先生がいる。らしい。

はじめて陶芸窯を見て、どのようにして焼くのかわからないのだろう。子どもの作品を壊してしまったらどうしようと思う。それはわかる。ぼくもはじめは恐る恐るだった。

本を読み、「壊れやすい作品を素焼きにするときの例」を参考に、表と首っ引きで、二十分きざみにガス圧を上げ、ダンパーを調節した。腕時計のタイマーをピピッ、ピピッと鳴らし、「お、組織からの指令だ」とギャグをつぶやき陶芸室に駆けつけ、コックの目盛りを読み、U字管の水位を見た。U字管というのは、U字形のガラス管に水を入れ、ガス圧によって水位が変わるのを読み取る装置である。

段上小《だんじょうしょう》に移ったとき、窯は数年使われていないようだった。ほこりをかぶっているのはいいのだが、コックに目盛りがついていなかった。のみならず、U字管が使用不能だった。ええいままよと、試作したぼくの作品だけとりあえず焼いてみることにした。そのとき、天啓《てんけい》のようにひらめいた考えがあった。

縄文人には、コックの目盛りも、U字管も、もっと言うとガス陶芸窯もなかった——。

腕時計のピピッもやめて、気がむいたときに調節することにした。すると、ちゃんと焼けたのである。うれしかった。

そういう話を、ある夕方、はやらない大型喫茶店の大テーブルで、図工の先生たちに話していたのだね。ぼくとすれば、勇気のある行動に彼らは感心するだろうと思っていたわけだ。ところが彼らはこう言った。

——わたしなんか、はじめっからそういうふうにやってるわ。

——ぼくんとこも。資料なんか見たことない。ええかげんにやっても、ちゃんと焼けるでえ。

ぼくは自分が神経質な現代人であると認めないわけにはいかなかった。図工の先生になるなんて簡単だ。縄文人になればいいのである。そう心の中でつぶやいて、アップルジュースをすすったのだった。

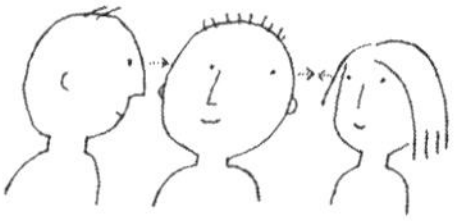

# 目と目で

小学校は、ほかのひととの関係のなかで文化と系統的に出会うところ、と決めると、図工の目標は、

①　絵をかいたり、ものをつくったりすることを好きになること
②　あのひとやるな、と思えること
③　自分もやるぞ、と思えること

の三つに決まった。

とまあこういうことを公言しても、どこからも文句が出ないのは、

A　文科省の方針、指導要領と根本において一致している
B　図工の先生の言うことだから、勝手にさせておこう
C　すばらしい考えで、指導要領よりもわかりやすく、文句のつけようがない
のどれかと思う。

で、そういうふうに決めると、①は妙な指導をしなければ達成される可能性が高い。妙な指導というのは、たとえば全員に遠近感が感じられる校舎を描かせよう、などという何かのプロをつくるような指導である。指導をしてはいけないと言っているのではない。遠近感が出なくても自分の絵が好きになれるような、遠近感の指導をすればいいのだ。どうしても遠近感の指導がしたければ、ね。

問題は②と③である。あのひとも、自分も、やるなと思っていることが確認できなければならない。つまり、言葉にして音声か文字か態度か、なにかで表現されなければ、値打ちが百分の一くらいしかない。だってぼくたちは、わかりあって生きていくのだもの。

だからぼくは、作品を見る、それを言葉にするということに力をいれた。ふだんの授業でも、図工展でも。神原《かんばら》小学校のある図工展で、ひとクラス一時間、会場貸し切りで授業

をしていると、それを取材に来ていたＰＴＡ広報誌担当のお母さんが泣いた。先生の話、友だちの話を、いっしょうけんめいに聞く子どもたちの姿に感動した、というのである。

先生たちがお互いに授業を見合う、ということがある。図工でも見せることになり、ぼくは友だちの絵のいいところを見つける授業を見てもらうことにした。力をいれているということを知ってもらいたい、ということもあって。

すでに描きあがっている絵を、ばらばらに配る。自分の描いた絵は誰かの前に、自分の前には誰かの描いた絵がある。その絵のいいところを見つけて、その絵の作者の日常などと関係づけて、全員にスピーチする、という授業である。

図工の専科のいいところは（ずるいところといってもいいかもしれないが）、三、四時間目に見てもらうのと同じ授業を、別のクラスで、一、二時間目にできる、というところである。もちろん、した。ひとつ不満なことがあった。班ごとにスピーチをするときに、班のなかでどういう順にするか、誰からするか、というところで、ジャンケンをしたりしてへんに盛り上がってしまうのである。

そこで、三、四時間目、ほかの先生が見にきているところで、子どもたちを信じて、賭《か》けに出た。

「班のひとがスピーチをするときに、誰からするか、どういう順にするかということは、友だちの絵のいいところをみんなに発表するということには関係ありません。ぼくたちは、いっしょうけんめいに描いた絵を、いっしょうけんめいに見た。いっしょうけんめいに描いた絵には、かならず作者のいいところが出る。そういう絵をいっしょうけんめいに見れば、かならずいいところが見えてくる。そのことをきちんとみんなに伝えたい。それが大事なことです。だから、スピーチする順番は、ひとこともしゃべらず、手や指で合図することもなく、立ち上がったときに目と目を見合うだけで、さりげなく、自然に順番が決まるというふうにしなさい。すべてのエネルギーを、発表することに使おう。きみたちならできると思う。」

するとできたのだ。おそらくできるのではないかと思っていたが、すべての班でできるかというと、自信はなかった。だいいち、そんなこと、やったことがなかった。スピーチもよかったけれど、それができたこともうれしかった。

「きみたちのことを誇りに思う。」

と、授業の終わりに言った。

目と目で何かを決めることができるという体験は「わたしたちはやるなぁ」という感覚に直接つながるようだった。そのあと、度々《たびたび》、目と目で決める場面をつくった。たとえば班長を決めるとき、目と目で決めて、決まれば立ち上がる。ぼくに名を呼ばれたら座る。ひとつふたつの班がぽんぽんと決まれば、あとは続いていく。よそでできたから、ぼくたちも、と思うのだろう。静かななかで班長が決まって、ぼくたちはやったぜ、という気分のなかでその日の授業にはいっていく。

画板をとりにいくとき、狭い図工室の一角は画板をとった子、とりにいく子でごったがえす。今から図工で盛り上がろうと思っているのに、画板をとることにエネルギーを使ってどうする。

「みんな静かに幸せな気分で画板がとれればいいね。ひとつやってみようか。言葉とか、手まねとかなしに、幸せな気分のなかで、全員が静かに画板をとってきて自分の机の上に置く。さあ、とってきなさい。」

これを静かな調子で言う。するとできるのである。六年生はもちろん、三年生でもできる。答えはさまざま、クラスによってちがう。全員が一方通行でとってくるクラス、班長が班の全員の分をとってくるクラス、誇り高く授業にはいっていける。

成功のイメージをきちんと説明して子どもたちに委《ゆだ》ねると、説明したイメージ以上にすてきなことができる。子どもたちはそういうことを教えてくれたのである。

## 初心

教育学部の美術科を卒業してから三十三年、つまり図工の先生になって三十三年たったときの話。

在学中に彫塑《ちょうそ》を教えてくださったタケバヤシ先生を囲む会があった。先生は退職前に体調を崩《くず》されたので送別会《そうべつかい》ができず、そのままになっていたのだ。あまり大きな会になると全員に話が届かない。先生の本意《ほんい》でもないだろうと、ぼくたちの二年上の学年からぼくたちの学年まで十数人で、奈良《なら》のホテルに集まった。お住まいが奈良だった。

在学当時、タケバヤシ先生はぼくと帰る方向が同じだったから、三十分ほどの阪急電車

はよくいっしょになった。いっしょになればかならず大阪梅田《おおさかうめだ》で喫茶店に寄った。「れい」という喫茶店である。進路を決めるときに、小学校の図工の先生になることを強く勧《すす》めてくれたのも「れい」でコーヒーを飲みながらだった。ぼくが図工の先生の仕事に就《つ》けた、恩人《おんじん》のひとりである。

もっとも、三十三年たった囲む会でそのお礼を言ったら、

「え？　おれ、そんなこと、ゆうた？」

とおっしゃっていたが。まあこちらにはたったひとりの先生でも、先生にしてみれば何百人のうちのひとりである。

三十三年もたつと、先生も七十過ぎ、ぼくたちも五十代後半。再会《さいかい》の瞬間《しゅんかん》は、ええっと……、という感じ。そりゃそうだろう。

先生はぼくを見るなり、

「ええ!?　ジュンか！　おまえ、まるうなったなあ。」

これは人柄《ひとがら》とかではなく、見た目。なにしろ、見るなり。三十三年の歳月《さいげつ》がまるくした。いや、自身の体型《たいけい》をコントロールできぬ意志《いし》がまるくしたのである。

食事は、幸運にも先生のとなりが、ぼくの席だった。

なにしろ三十三年である。メンバーの半数は、先生には名前と顔が一致しない。大きな名札でも用意しておけばよかったが、もう遅い。

先生はぼくにささやく。

「おい、ウエマツのむこうどなりの美人、だれや。」

「○○さんです。ぼくらよりも一級上の。今の名前は△△さん。しかし、美人ですか?」

「美人ゆうといたら、まちがいない。」

昔と変わらぬ会話を小声でかわしながら、先生はていねいに箸袋《はしぶくろ》をひらき、ボールペンで名前を書きこみ、座席表をつくっておられた。

後日《ごじつ》、来てくださったことの礼状《れいじょう》を出すと、折り返し返事がきた。

——別れてから、ショーウィンドウにうつる自分の姿、腰《こし》が伸びているのを見て、うれしかった。

ひさしぶりの教え子たちとの出会いを喜んでいただけたようで、ぼくたちこそうれしかった。

　囲む会は、先生にとっても、ぼくたちにとっても、三十三年前の自分に出会うという側《そく》面《めん》を持っていた。

　大学を卒業し、小学校の図工の先生になる。それからの三十三年間は、時代も、学校も、当《とう》然《ぜん》個人的な暮《く》らしぶりも、多忙化《たぼうか》の坂道をころがりおちていったように思える。

　先生になりたての頃は、明るいうちに帰るか、ソフトボールか卓球《たっきゅう》ばかりしていたような気がする。待てよ。暑い日の夕方、若い女の先生たちとプールで泳ぐなんてことをしていたぞ（男もいたような気がするけど）。一度や二度ならず。まるくなる前の話ですけど。それからたいてい帰りはだれかといっしょで、喫茶店で話していたな。年配《ねんぱい》の先生にもいろんな話を聞かせてもらった。年配の先生といえば宿直室《しゅくちょくしつ》（というものがまだあった。宿直はもうなかったけれど）で碁《ご》など打っていたものである。

　で、うーむ、三十三年か——と思ったのだ。すると突然「初心」という言葉が頭に浮かんだ。初心忘《しょしんわす》るべからず、の初心。三十三年前、図工の先生になったときの心構《こころがま》え、気《き》概《がい》、志《こころざし》、といったものを今も持っているか、そういう文脈《ぶんみゃく》。で、頭に浮かんだとたんに気がついた。

――そんな大層《たいそう》なものは持っていなかった。と。

ぼくが持っていたのは、ひとつのイメージである。

校舎と運動場をつなぐ、なだらかな傾斜《けいしゃ》のある芝生《しばふ》に座り、運動場で遊んでいる子どもたちをながめている。

ただそういうイメージ。教えているのでもなければ、いっしょに遊んでいるのでもない。ながめているのである。

結論から言うと、そのとおりの情景《じょうけい》は実現しなかった。最大の理由は、校舎と運動場をつなぐなだらかな傾斜のある芝生、というものがある小学校に勤めなかったからである。とはいえ、そのとおりのポジションにいたような気もする。近くでながめている。そういうおとなも必要かもしれない。そう思って、自分でうなずくのである。

## 図工は「今」

志《こころざし》など持たずに図工の先生になった、と書いた。いやもちろん、採用試験などで尋ねられればそれらしいことは言っただろう。言っただろうけれど、「きみ、それは本当にそう思っているのか?」本心かと問われると、顔を赤らめざるを得《え》なかったと思う。さいわい、誰も問わなかった。正直に申しあげると、就職しないわけにはいかない、おとなよりも子どものほうが好きである、教育学部美術科なるものに在籍《ざいせき》した、図工の先生は楽しそうだ、といった理由で、この職に就《つ》いた。教育についてのビジョンなど、まずなかった。ごめんなさい。

というわけで、図工の先生とぼくの関係は恋愛結婚《れんあいけっこん》ではなかった。見合い、というのもちがうなあ。言ってみれば成《な》りゆき。白雪姫《しらゆきひめ》やいばら姫と王子様みたいに、目を覚《さ》ましてくれた相手と結ばれるというかね。しかしながら「末永《すえなが》くしあわせに暮らしました」と言うのだから、よほど相性《あいしょう》が良かったのか、あるいはいい関係であり続ける努力、意志というものがあったにちがいないのだ。はじめのうちは勢いでいけたとしても。

で、いつ「はじめのうち」でなくなるのか。それは何かに疑問を持ったときではなかろうか。いばら姫が王子様のことを、このひとって——と考え、白雪姫が王子様をまじまじと見つめたとき。ぼくが図工のことを、言葉で考えはじめたとき。

ある時期から、もしも子どもたちから、何のために図工をするのかと正面から問われたらどう答えるか、ということを考えはじめた。

この問われるという設定だが、考えはじめた頃は、授業中、言葉でこちらと理解しあえる子どもが、「先生」と手を挙げて質問するというイメージのものだった。いきおい、理《り》屈《くつ》っぽい答えを考えた。人類が獲得《かくとく》した美術なり工芸なりの文化を、学校という制度の中で……。あるいは造形《ぞうけい》を通して世界観に「ゆさぶり」をかけ……。

ところが何年も先生をしていると、手を挙げて質問する子ばかりではないということがわかってきた。質問の場面設定が変わってきたのである。学校も休みがちで、たまに来れば授業の雰囲気《ふんいき》が体質に合いにくいという子、そんな子と電車の中でたまたま隣《とな》りあって座ったとする。

「ああ、先生。」

「おお、きみか。」

と言いあったあと、その子がぽつりと、

「なんで学校で、図工やらんとあかんのん?」

とつぶやいたとする——こういう設定。

こういうときに、人類が獲得した美術なり工芸なりの文化を、学校という制度の中で、などという言葉が力を持つかなあ、ピンとこんわね。

これがヨミカキソロバンなら答えやすいかなと思う。

「きみが授業中にボールで遊んだり出ていったりする(するか? ふつう)のは、気持ちとしてはわかる。わかるがせんほうがええ。なんでかゆうたら、算数をわかってもらいたいからや。たとえばきみがバイトをする。その給料の勘定《かんじょう》をごまかされんように。あるいはたとえばきみがマンガ家になる。一・五倍の原稿でくれと言われてもわかるように。今きみはそれが勉強できるんや。ぼくはそれを教えれるんや。それはきみだけのこととちゃう。ほかの子も同じや。そやからほかの子のじゃましたらあかん」と言う（言わないかなあ）みたいに。実学《じつがく》の立場があれば、答えやすい。図工はすごく実学なのだけれど、「豊《ゆた》かな人生」に向かっているのだ。「勘定をごまかされんように」の説得力《せっとくりょく》がない。

そこまで考えて気がついた。図工は、いつの日にか勘定をごまかされぬように、という類《たぐい》の実学ではないのだ。つまり、いつの日にか豊かな人生を送れるために、ではなく、今を豊かに生きる実学であったのだ。

今、表現を楽しむこと、それ自体《じたい》のなかに豊かな人生があると思う。「いいぞ、いいぞ」「おれはよくやった」「あいつすごいな」とわくわくする体験、それが「豊か」なのである（そしてそれが、いつの日にか、の豊かな人生につながればうれしい）。

図工は「いつの日にか」ではなく、「今」なのだ。きっと。

あれこれ考えてはいたのだが、結局《けっきょく》のところ誰もそんな質問——何のために図工をするのですか――は、しなかった。なぜそんな質問が出なかったかといえば、ひとえに図工それ自身の力のおかげだったと思う。

そういえば、いらぬことを得々《とくとく》としてしゃべっているぼくに、子どもたちはこうささやいたものだ。

「先生、はよ図工しよう。」

## 「先生」と「友だち」のあいだのあたり

　いろんな小学校で、いろんな子が、授業とは関係なく図工室にやってきた。遊びにきていたのだ。
　アラタくん、フクイくん、アンドウくんたちとはよく変なゲームをした。ゲームの名前はジャイコンという。その名前はぼくたちがつけた。これはいわば「連想しないゲーム」である。ふたりが対面しておこなう。
「りんご。」
と一方が言うと、相手はりんごから連想されないものを言う。

「みかん」とか「ジュース」とか「青森」などと言ってはいけない。

たとえば「おまわりさん」ならいい。

それを受けて、いま相手が言ったおまわりさんにも、その前に自分が言ったりんごにも関係のないものを言う。

「水平線。」

こうしていま相手が言ったものと、その前に自分が言ったものに関係のないものを、間《ま》をおかずに言いあうのである。間をおかずに言う、これがつらい。かなりの精神の緊張を要する。つい前に言われたもの、言ったものにつられる。そのうちに舌がもつれる。

「だいこん」と言いたかったのに「じゃいこん」と言ってしまったアラタくんに敬意を表して、ゲームの名前としたのである。


カッちゃんは授業が終わると時間割で決まっているように図工室にやってきた。そしてギターにあわせて、ぼくといっしょに歌をうたう。早く帰らないといけない日など、「きょうは一番だけにしましょう。」

などと言う。

歌は『遠くで汽笛を聞きながら』（作詞・谷村新司　作曲・堀内孝雄）だったりする。つまりぼくがそのときうたいたい歌なのだ。彼の特異な才能は、はじめて聞く歌でもぼくといっしょにうたえるということである。楽譜など見ない。ほんのすこし遅れてうたっているのだろうが、その場にいあわせたほかの子には、カッちゃんが知っている歌をうたっているように聞こえるのだ。


アダチくんは魚釣《さかなつ》りがすきだ。図工の時間に使った細く短い釘《くぎ》の打ち損《うそこ》ねて曲がったのをくれと言う。何に使うのか尋ねると、釣り針にすると言う。無理だろうと思ったがそれを試みるのは楽しそうに思えて、さしあげた。

アダチくんはペンチも借りて釣り針らしきものをつくり、釣り糸、テグスを一メートルほどもらえないかと言う。そういうものが図工室にあることを知っているのだ。小魚を釣るには太すぎるがそれでもいいかと訊《き》くと、いいと言う。で、これもさしあげた。
二、三日して、釣果《ちょうか》をたずねた。

「釣れたで。」

と言う。まさか、と思った。またまた冗談を、と言いかけたところで、まわりの子が教えてくれた。

「こいつ、学校の池の鯉《こい》釣りよってん。」

「え、学校の池の、鯉……」

盲点《もうてん》だった。なるほど、ひとの姿を見ればえさをくれるものと思っている学校の池の鯉なら釣れるかもしれない。

「それで、釣った鯉、どうしたん?」

「キャッチ・アンド・リリースや。」

そのまま池に逃がしてやったと言う。何度も釣ったのかと尋ねると、一度でやめたと言う。

「釣れすぎておもろないねん。」

だそうである。

職員室で仕事をしていると、キヌモトさんがやってきて小声で言った。

「先生、いますっごいきれいな雲が出てる。」

それは行かねばならないと、いっしょにそとに出た。見上げると声がでた。

「おお！」

職員室のある校舎と体育館のあいだの青空に、高くうかんだ淡《あわ》い雲が五色《ごしき》に彩《いろど》られている。彩雲《さいうん》である。話には聞いていたがほんものを見るのははじめてだ。なんともふしぎな色合いで、よいことが起こるしるしだと言われれば、なるほどとうなずきたくなる。教えてもらわなければ、こんなにきれいな彩雲を見ないで終わったのだ。

やがて色はうすれ、よく教えてくれたと礼を言い、ぼくは職員室にもどった。

しかし、ふと空におもしろい雲を見つけ、それをわざわざ職員室にはいって、先生に教えてあげようと思ってくれるのがうれしいではないか。

いまにして思えば、図工の先生は「先生」と「友だち」のあいだのあたりにいたのではないかという気がするのである。

# ドリトル先生の台所

図工準備室は不可避的に雑然としてくる。とするなら、いい感じの雑然でありたい。なんとなくそう思っていたのが、年を経るごとに自覚的になり、さらにその〈いい感じ〉の方向が決まっていった。

それは〈不思議に満ちた雑然〉というのである。小道具には事欠《ことか》かなかった。図工で何かを描かせたりつくらせたりする前に、かならず試作した。ここでこうすればこうなる、ここが難しい、このあたりでこれくらい時間がかかるだろう――そういうことはやってみなければわからない（やってみても予想どおりにはいかないことも珍しくないが）。そし

て、子どもたちといっしょにつくることもよくやった。製作途中の作品で作り方を説明するためである。そういうわけで、図工準備室には、針金と紙粘土でつくった小さなひとや、風船をふくらませたところに紙を張ってつくった張り子の気球、ハンプティ・ダンプティのような卵人間、目にビー玉を埋め込んだ二メートルもある蛇、マリオネット、紙工作などがいっぱいあった。そしてそれは年々増えていく。

それらが、ただ置いてあるのではおもしろくない。もしかすると生命《いのち》がやどっているのではと思わせたい。また、百個の作品がそこにあったとして、見えているのは百個だが、これはほんの一部で、むこうのほうにずっと続いていて、千個も二千個も果てしなくあるのではないかと思わせたい。おもしろそうなものがいっぱいありそうだ。もし足を踏み入れたら、つぎつぎと見ていくうちに迷って出られなくなるのじゃないか。そう思わせる方向をめざそうと思った。

そのために、暗くした。というのは嘘です。四校め、五校めの図工室、図工準備室は南北方向に建っている校舎で、西陽《にしび》がはいった。陽がはいると紙が焼ける。色が褪《あ》せる。(それに、暑い。)それがいやで、余っていたスチレンボードなどをすべての窓に張りつけた。その結果、うす暗くなったのである。せっかくうす暗くなったのに天井の蛍光灯など白々《しらじら》とつけたくない。そこで保健室から捨てられるのをもらい受けた電気スタンドを思い出した。

それは今どきの保健室の備品にはないような代物《しろもの》で、椅子にすわった先生が子どもの鼻の穴なり耳の穴、あるいは目、喉《のど》、はたまた棘《とげ》の刺さった指先を見るのに都合のよい、60ワットの電球にアルミの笠《かさ》がついた、マイクスタンドのように高さを調節できる、たいていはベッドのすぐそばに置いてある電気スタンド、と言えば知っているひとは懐《なつ》かしく思い出すだろう。それをスタンドの部分はとりはずし、あちこちにぶらさげた。暗いところにスポット照明。見せたいところだけ見せる。

さらに戸棚の配置を考え、ほかの出入り口、窓など見えにくくした。あの戸棚のむこうはどうなっているのだろうという感じ。暗くなると想像力の育つ余地《よち》が生まれる。明るすぎると物語は生まれにくい。

つぎに、子どもたちを準備室に自由にはいれないようにした。いや、本当のところは刃物や薬品を置いてあるところに子どもたちだけではいるのはよくないと考えてのことで、用があればはいらせるのだが、興味やひやかしではいらせない。すると、見えているのに手が届かない。それが想像力を刺激するというのは恋に限ったことではないのである。

準備室の入り口には、B５大の白ボール紙を床《ゆか》に置いた。「先生のゆるしなく、じゅんびしつにはいったら、おしりぺんぺんです。」と書いてある。五人にひとりは、この紙を裏返せばはいってもよいのではと考える。裏返すとそこには「うらがえしたひとはもういっぱつおしりペンです。」と書かれている。さらに小さい字で「つぎのやつをひっかけるから、もとのむきにもどしておくこと。」と書いてある。

図工準備室を演出するためだけに雇われているわけではないので、もっと時間があればああもできる、こうもできると思いはしたが、それなりの成果はあげていたようで、のぞきこんだ子どもたちが、こんな部屋がほしい、ここに住みたいなどと言ってくれると、うれしかった。

あるとき、ぼくが準備室をこんなふうにしているのは、子どもの頃に読んだ「ドリトル先生」と関係があるのではないかという考えが、唐突《とうとつ》に浮かんだ。

ぼくにとって「ドリトル先生」は、ある場面の記憶だった。それは、少年が雨の中ドリトル先生と出会い、先生の家の台所で服を乾《かわ》かし、肉を食べるという場面である。もはや少年ではなく、ドリトル先生の年齢になって、その場面を思い出したぼくは、あれはシリーズのどの本だったのだろうと、図書室にしらべにいった。簡単に見つかった。『ドリトル先生航海記』(ヒュー・ロフティング作　井伏鱒二《いぶせますじ》訳　岩波書店)だった。

読んでみて驚いた。その場面には挿絵がなかったのである。記憶のなかにはあったのだ。構図まできちんと。さらに、肉汁が滴《したた》る、あるいはそれを示唆する言葉がなかった。ぼくのなかでは滴っていたのだ。

ここまで読んで「ははあ、きみは食い物に弱かったのだ」と指摘したいむきも多かろう。あの頃の子どもはたいてい好き嫌いはなく、たいてい飢《う》えていたのだから。しかし弁護すれば、食べ物の出てくる話はほかにもいっぱいあったにちがいない。公平に見て、それを覚えていたのは他の要素もあったと考えるべきである。

そこは、ひとが立ってはいれるほど大きなストーブ(!)があって、世界一便利で気分のよい台所である。なにしろ博物学者の家だからどこを見てもすてきなものであふれている。しかも動物たちがいる。これがまた礼儀正しい。ケンカをしたりそこらにフンをしたりしない。そしてドリトル先生は彼らと話ができる。そんなにえらい先生なのに少年を子ども扱いせずに対等のおとなのように話をしてくれ、おまけにストーブの火であぶったソーセージまでごちそうしてくれるのだ。そういった、さまざまのすてきなことが集まった台所だったのである。さらにこれをきっかけに、少年はドリトル先生の助手になり、さまざまなことを教《おそ》わり、冒険の旅に出ることになるのだ。

改めて読んでみると、それは物語の始まりのエピソードのひとつにすぎず、このあと中心的な話題の航海に乗り出すのだが、ぼくにはやはりこの場面がいちばんいいシーンのように思えた。そしてなぜここを覚えていたのかわかるような気がした。ここには、すてきなひと、すてきなこと、すてきなもの、すてきな運命が集まっているのである。

おそらく、子どものぼくが、具体的な形としてあるいは言葉として描《えが》けなかったあこがれのイメージを、形にして、見せてくれたのがその場面だったのだろう。これだ！　と思ったぼくは、それを記憶の部屋の陽当《ひあ》たりのいいところに置いたにちがいない。何度も何度もその場面をくり返し思い出し、味わったのだ。記憶の部屋では色が褪《あ》せず、むしろ育った。つまり挿絵がつき、肉汁が滴り落ちた。この、ドリトル先生の不思議ですてきな部屋が、準備室を不思議ですてきなところにしたい気持ちと、おそらくつながっている。

図工準備室のどこかの戸棚を開けるとそこにはトンネルがあり、そこを歩いていくと別の戸棚の扉の内側にたどりつく。それをそっと開けると、きっとそこはドリトル先生の台所で、ドリトル先生と少年がぼくをむかえてくれる、そう思うのである。

さまざまな本を読んだ。人生の本も実用の本も読んだ。それらは世界を教えてくれ、役に立っただろう。だがそういう本を読む素地《そじ》、感性、別の言葉でいうと、世界はやっていける、人生は生きるに値《あたい》する、ひとは信頼できるという感覚を、ドリトル先生の台所は育ててくれたのではないか、ぼくを支え、応援し続けてくれたのではないかと思うのだ。

そしてそれはちょうど、計算とか漢字に対する図工の位置と重《かさ》なるように、思えるのである。

# あとがき、そして物語の背景のこと

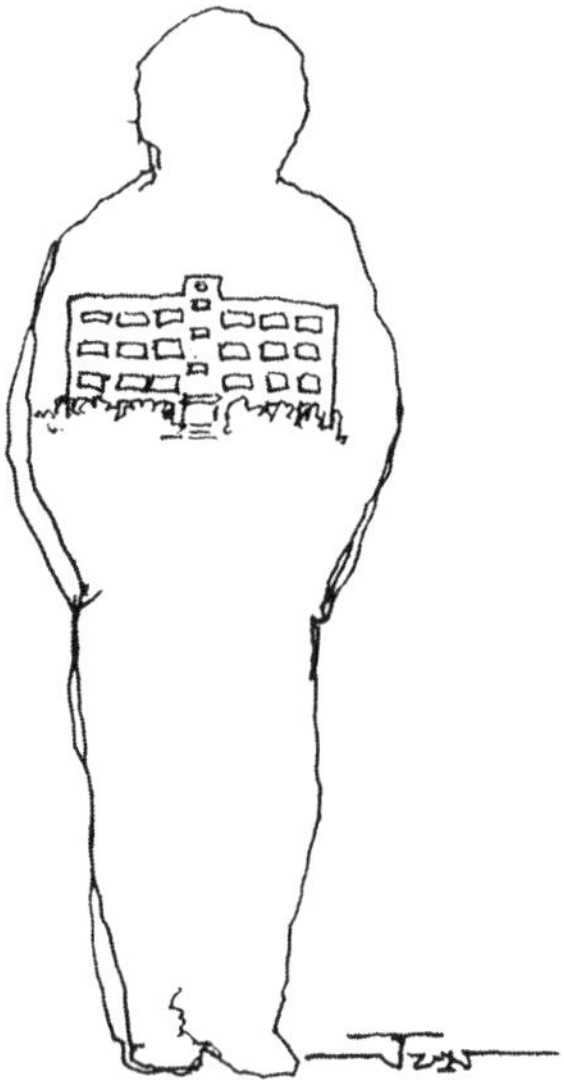

図工の先生になっていなければ、小学校を舞台にした物語は書かなかったと思う。五つの小学校に勤めた。その小学校と周辺のあれこれが、その時《とき》どきの物語の背景になっている。

夙川《しゅくがわ》小学校がまず登場するのは『ムンジャクンジュは毛虫じゃない』（偕成社・一九七九、以下出版社の表記のないものはすべて偕成社）。当時の体育倉庫がそのまま出てくる。クロヤマソウという不思議な花が咲くクロヤマは、学校の北に見える甲山《かぶとやま》がイメージにあった。主人公たちが住むアパートの外観は、最初の図工室があった木造二階建ての校舎がモデルになっている。夜の庭の挿絵で良枝のいる部屋が図工室だった。『放課後の時間割』（一九八〇）の〈はじめに〉のカットで右側に見えるのも同じ校舎、正面に見えるのが新しい校舎で、その一階に新しい図工室がある。

上甲子園《かみこうしえん》小学校は『ようこそ、おまけの時間に』（一九八二）、『二分間の冒険』（一九八五）、『扉のむこうの物語』（理論社・一九八七）の舞台になっている。『雨やどりはすべり台の下で』（一九八三）のモデルの公園も校区の御代開《みよびらき》公園だが、作中ですべり台の下にあるおとなが立って歩ける大きさのトンネルは、子どもでも立っては歩けない。かがんで雨やどりをしているのを見かけたのである。

段上《だんじょう》小学校は『もうひとりのぼくも、ぼく』（教育画劇・一九九二）に出てくる。この本の「みわけ山の社《やしろ》」は神戸市東灘《ひがしなだ》区の保久良《ほくら》神社で、ヤマモモの木もちゃんとある。『選ばなかった冒険』（一九九七）の舞台も段上小、『ふしぎの時間割』（一九八九）には、ピータイル、理科室、百葉箱《ひゃくようそう》、運動場など段上小のイメージが多く出てくる。「蝿取《はえと》りリボン」のエッセイのおしまいに出てくるメタセコイアは、二〇〇五年に道路拡張工事で切られたので、山陽新幹線からはもう見えない。また学校周辺が宅地化され、馬糞《ばふん》と蝿の騒動も今はないそうである。そして、トンビのトンちゃんは天寿を全《まっと》うした。

津門《つと》小学校は『ふしぎの時間割』の職員室、北門などに登場する。同書の裏表紙《うらびょうし》の絵は西館図工室前の階段、踊り場を二階から見たところである。阪神・淡路大震災にも耐えた西館は二〇〇五年、改築のため解体された。『竜退治の騎士になる方法』（二〇〇三）の小学校のイメージも、ほぼ津門小学校である。

神原《かんばら》小学校は『フングリコングリ』（二〇〇八）の表紙に図工室が出てくる。『カメレオンのレオン』（二〇一一）、『夜の小学校で』（二〇一二）の桜若葉《さくらわかば》小学校は、中庭の池をクスノキに変えたけれど、そのほかは神原小のたたずまい。また、この『図工準備室の窓から』に使用した写真は、すべて二〇〇七年二月に神原小学校で撮影したものである。

このエッセイ集は、偕成社のホームページに二〇〇九年一月から二〇一二年三月まで連載されたものと偕成社文庫版『手にえがかれた物語』のあとがきに掲載されたもの（「初心」「図工は『今』」）に手を加え、あらたに七編をつけ足した。

思えば、しあわせな図工の先生の日々だった。

最後になったけれど、出会った子どもたち、先輩と同僚、友人たち、さらに小学校と図工室と準備室、この仕事につくことを強く勧めてくださった大学のマツモト先生やタケバヤシ先生たち、そして読んでくださった方々と偕成社の皆さまに、感謝するばかりである。

二〇一二年九月

岡田　淳

**作者：岡田 淳**（おかだ じゅん）
1947年、兵庫県に生まれる。神戸大学教育学部美術科卒業。図工専任教師として小学校に38年間勤務。その間から斬新なファンタジーの手法で独自の世界を描く。『放課後の時間割』（日本児童文学者協会新人賞）『学校ウサギをつかまえろ』（同協会賞）『雨やどりはすべり台の下で』（サンケイ児童出版文化賞）『扉のむこうの物語』（赤い鳥文学賞）「こそあどの森」シリーズ（野間児童文芸賞）等受賞作も多い。他に『二分間の冒険』『ふしぎの時間割』『竜退治の騎士になる方法』『フングリコングリ』『選ばなかった冒険』『カメレオンのレオン』『願いのかなうまがり角』 絵本『ヤマダさんの庭』 マンガ『プロフェッサー Pの研究室』等がある。

**図工準備室の窓から**

**――窓をあければ子どもたちがいた**

2012年11月　初版第1刷

作　者：岡田 淳

発行者：今村正樹

発行所：株式会社偕成社
http://www.kaiseisha.co.jp
〒162-8450 東京都新宿区市谷砂土原町 3-5
TEL：03-3260-3221（販売） 03-3260-3229（編集）

印刷所：中央精版印刷株式会社　小宮山印刷株式会社

製本所：中央精版印刷株式会社

装幀：山田英春　　本文デザイン：田中明美

NDC913 239P. 20cm ISBN978-4-03-003400-6 C0095


本のご注文は電話・ファックスまたはEメールでお受けしています。
TEL：03-3260-3221　FAX：03-3260-3222　e-mail：sales@kaiseisha.co.jp
落丁本・乱丁本は、小社製作部あてにお送りください。送料は小社負担でお取りかえします。